미래와 통하는 책

국어

도서

700만 독자의 선택!

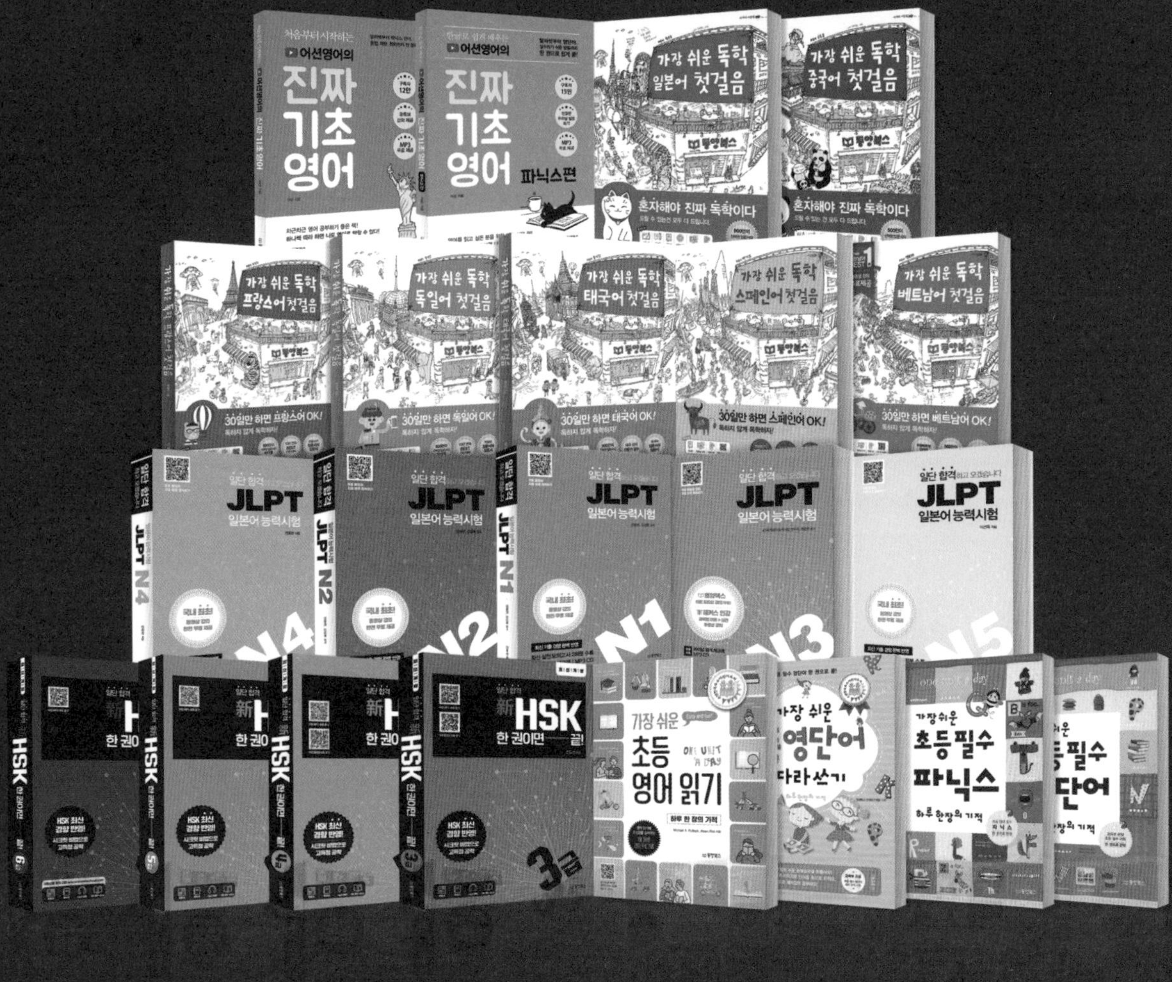

새로운 도서, 다양한 자료 동양북스 홈페이지에서 만나보세요!

www.dongyangbooks.com
m.dongyangbooks.com

※ 학습자료 및 MP3 제공 여부는 도서마다 상이하므로 확인 후 이용 바랍니다.

홈페이지 도서 자료실에서 학습자료 및 MP3 무료 다운로드

PC

❶ 홈페이지 접속 후 도서 자료실 클릭
❷ 하단 검색 창에 검색어 입력
❸ MP3, 정답과 해설, 부가자료 등 첨부파일 다운로드
* 원하는 자료가 없는 경우 '요청하기' 클릭!

MOBILE

* 반드시 '인터넷, Safari, Chrome' App을 이용하여 홈페이지에 접속해주세요. (네이버, 다음 App 이용 시 첨부파일의 확장자명이 변경되어 저장되는 오류가 발생할 수 있습니다.)

❶ 홈페이지 접속 후 ☰ 터치

❷ 도서 자료실 터치

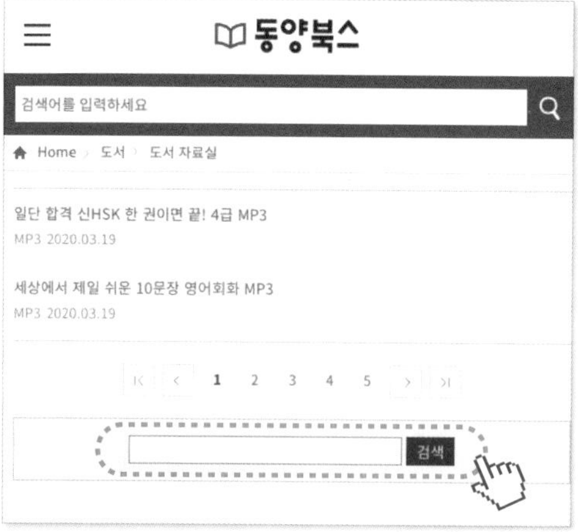

❸ 하단 검색창에 검색어 입력
❹ MP3, 정답과 해설, 부가자료 등 첨부파일 다운로드
* 압축 해제 방법은 '다운로드 Tip' 참고

孔子学院总部
Confucius Institute Headquarters

人民教育出版社
PEOPLE'S EDUCATION PRESS

중국어뱅크

뚝뚝한 중국어 말하기 훈련 프로그램

스마트 스피킹 중국어

1

张洁 저 김현철·박응석 편역

동양북스

스마트 스피킹 중국어 1

초판 5쇄 발행 | 2024년 4월 5일

지은이 | 张洁
편　역 | 김현철, 박응석
발행인 | 김태웅
책임 편집 | 김상현, 김수연
디자인 | 남은혜, 김지혜
마케팅 총괄 | 김철영
온라인 마케팅 | 김은진
제　작 | 현대순

발행처 | (주)동양북스
등　록 | 제 2014-000055호
주　소 | 서울시 마포구 동교로22길 14 (04030)
구입 문의 | 전화 (02)337-1737　팩스 (02)334-6624
내용 문의 | 전화 (02)337-1762　dybooks2@gmail.com

ISBN 979-11-5768-452-6 14720
979-11-5768-451-9 (세트)

머리말

또 하나의 고개를 넘습니다.

어느 교재든 수고한 손길들이 있기 마련입니다. 그리고 또다시 세상을 보게 되는 수많은 교재가 우리 앞에 쏟아지고 있습니다. 그래서 새로운 교재를 내놓을 때마다 또 하나의 불필요한 수고가 되지 않기 위해서 그 어느 때보다도 경건해집니다.

이번에 소개해 드리는 교재 역시 창의적인 생각으로 고안된 겁니다. 기존의 불필요한 부분들을 과감하게 떨쳐 버리고, 완전히 학습자 입장에서 만들어졌습니다.

정확한 학습 목표와 학습 내용을 먼저 제시하고, 준비 과정에서 먼저 사진 등으로 시작한 후, 매 과의 핵심 문장을 들어 연습하게 했습니다. 또한, 본문은 반드시 연습을 통해 이해하고 익숙해질 수 있도록 구성하였으며, 새로 나온 단어를 하단에 배치하여 따로 사전을 찾지 않아도 되게 하였습니다. 더욱이 정리하기 편에서는 구조적인 설명과 문화 팁, 그리고 퀴즈를 통해 학습한 내용을 충분히 습득할 수 있게 하였습니다. 종합 연습도 공인시험 형태로 꾸며 배운 내용을 바탕으로 시험에 바로 응시할 수 있게 배치하였습니다. 이렇듯 참신한 아이디어로 똘똘 뭉친 이 교재는 수업 시간에 활용하거나, 독학하거나 그룹으로 학습하는데도 아주 적합하게 활용할 수 있도록 구성하였습니다.

말 그대로 입에서 술술 나오는 중국어가 중요합니다. 듣고 말하고 읽고 쓰는 게 무엇보다 중요합니다. 시간이 없다고 이 네 가지를 소홀히 할 수는 없습니다.

이 교재로 제대로 된 교수법으로 무장한 교사가 수업한다면 아무 문제 없을 겁니다. 무엇을 가르치고 어떻게 가르치고 누가 가르치느냐가 절대적으로 중요합니다. 이 교재의 내용 전체를 위에서 제시한 방법대로 가르친다면 학습자와 교수자 모두 만족하는 아주 의미 있는 중국어 학습이 될 거라 확신합니다.

조금씩 변화를 주는 태도로 꾸준하게 연습하십시오. 투자한 만큼 오롯이 보상을 받을 수 있는 것이 바로 외국어 교육입니다. 교재의 내용을 자주 듣고, 큰 소리로 말하며, 끊어 읽기에 주의하여 읽고, 반드시 손으로 써 보시기 바랍니다. 변화된 모습이 여러분 앞에 환하게 펼쳐질 겁니다.

아울러 교재 출판 끝까지 같이 해준 교재기획팀과 동양북스 식구들 모두에게 또 하나의 고마움을 전합니다.

2018년 깊어가는 가을 속에서

哲山과 **石松** 적음

차례

이 책의 구성과 활용

본책

◀ 학습 목표와 학습 내용

본 과에서 배울 내용을 미리 살펴봅니다.

학습 전후 배운 내용에 체크해 보세요.

▶ 준비하기

본문 학습 전 준비 단계로 관련 단어와 핵심 문장을 살펴봅니다.

본문에서 배울 내용을 미리 듣고 큰 소리로 따라 해 보세요.

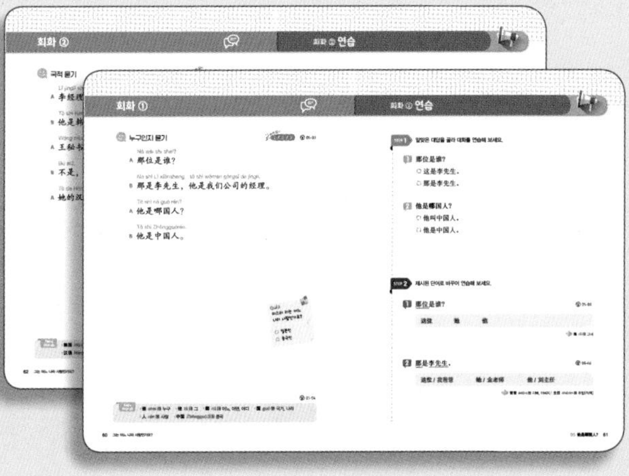

◀ 회화 ①, ②

본 과의 주제와 관련된 상황의 대화문을 수록하였습니다. 새로운 표현뿐만 아니라 앞 과에서 배운 표현도 포함되어 있어 복습 효과도 누릴 수 있습니다.

일상 + 비즈니스 회화를 통해 다양한 표현을 폭넓게 익힐 수 있어요.

◀ 회화 ①, ② 연습

알맞은 대답 고르기, 교체 연습 등 말하기 중심의 연습을 통해 배운 내용을 바로 확인합니다.

배운 내용이 입에 익숙해지도록 연습해 보세요.

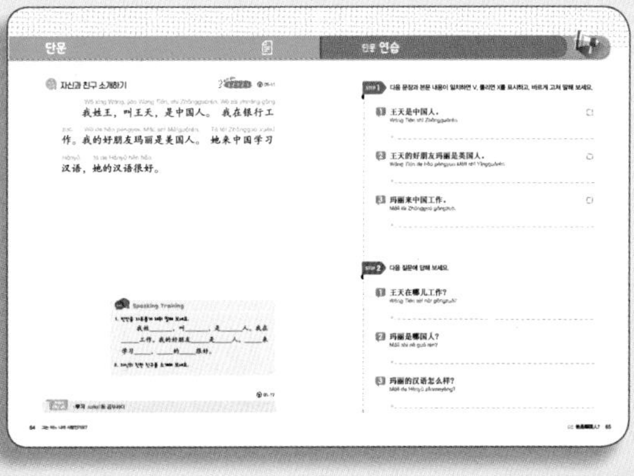

◀ 단문

본 과의 주제와 관련된 상황의 짧은 글을 수록하였습니다.

Speaking training을 통해 본문 내용을 연습해 보세요.

◀ 단문 연습

옳고 그름 판단하기, 질문에 답변하기 등 말하기 중심의 연습을 통해 배운 내용을 바로 확인합니다.

중국어로 답변하는 연습을 통해 말하기 실력을 향상시켜 보세요.

◂ 정리하기

본문에서 배운 내용을 정리하고, 추가적으로 필요한 어법이나 어휘를 정리하였습니다.

학습한 문장을 직접 써 보는 퀴즈를 통해 배운 내용을 정리해 보세요.

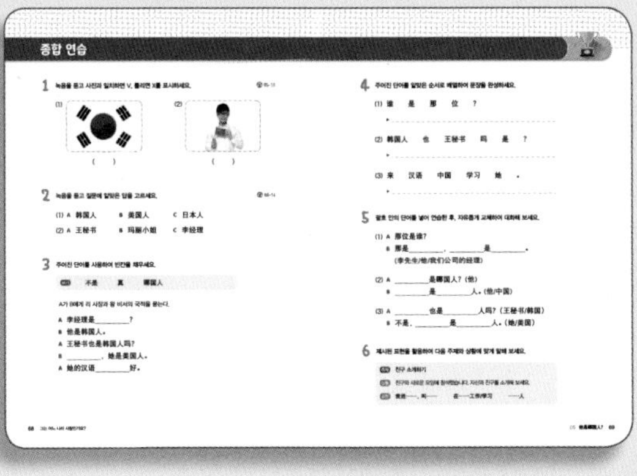

◂ 종합 연습

본 과에서 학습한 내용을 듣기, 읽기 쓰기, 말하기 네 영역별 문제를 통해 점검할 수 있습니다.

실력을 점검한 후 부족한 영역은 다시 한번 풀어 보세요.

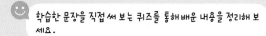

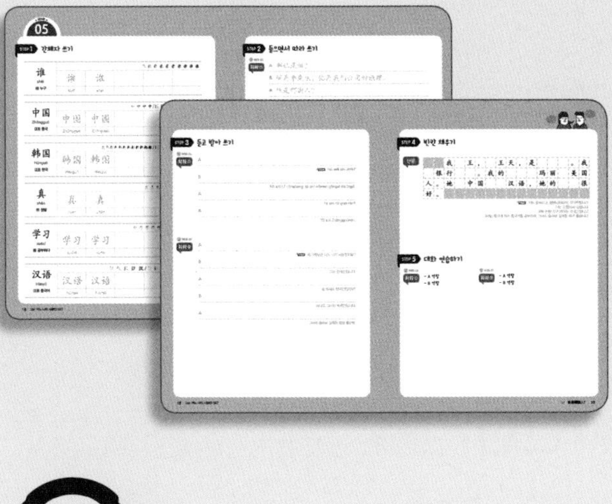

워크북

워크북은 **STEP 1 간체자 쓰기 ≫ STEP 2 들으면서 따라 쓰기 ≫ STEP 3 듣고 받아쓰기 ≫ STEP 4 빈칸 채우기 ≫ STEP 5 대화 연습하기** 순서로 이루어져 있습니다. 반복해서 듣고, 쓰고, 말하면서 배운 내용을 내 것으로 만들 수 있습니다.

듣고 쓰면서 입으로 따라 하면 말문이 트이는 워크북으로 한 과를 마무리해 보세요.

MP3

MP3는 동양북스 홈페이지 자료실에서 무료로 다운로드 받으실 수 있습니다.
(http://www.dongyangbooks.com)

중국어 오리엔테이션

중국어 기본 상식

중국어

우리가 배우는 중국어는 중국 전체 인구 중 90% 이상을 차지하는 한족이 사용하는 언어로 한어(汉语 Hànyǔ)라고 부릅니다. 중국에는 다양한 방언이 존재하므로 원활한 의사소통를 위해 표준어를 지정하였고, 이를 보통화(普通话 pǔtōnghuà)라고 합니다.

간체자

중국어는 간체자를 사용하여 표기합니다. 간체자(简体字 jiǎntǐzì)는 한자의 본래 획수를 간단하게 줄인 한자를 말합니다.

韓國 → 韩国

정자(번체자) → 간체자

한어병음

뜻글자인 한자는 소리를 표기할 수 없어 로마자에 성조 부호를 더해 발음을 표기합니다. 이것을 한어병음(汉语拼音, Hànyǔ Pīnyīn)이라고 합니다.

음절 구성

중국어의 음절은 성모, 운모, 성조로 이루어져 있습니다.

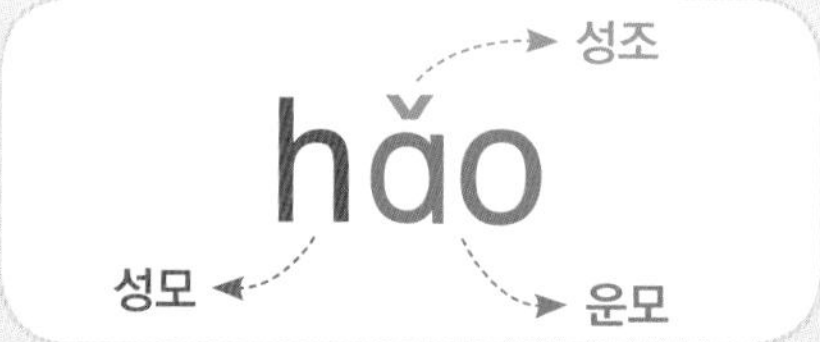

중국어 발음

성조

성조(声调 shēngdiào)는 음의 높낮이를 표시합니다. 중국어에는 4개의 성조와 경성이 있습니다.

00-01

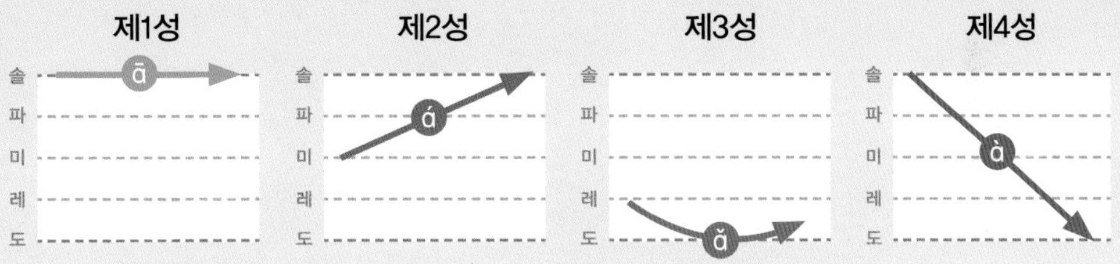

* 성조 부호는 단운모 위에 a > o, e > i, u, ü 순서로 표기합니다.

경성은 짧고 가볍게 발음하며, 성조 부호를 표기하지 않습니다. 앞의 성조에 따라 음높이가 달라집니다.

00-02

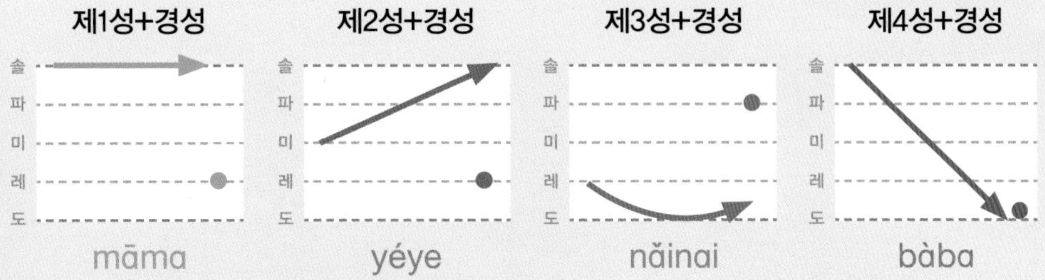

성조가 다르면 의미도 달라지니 발음에 유의해야 합니다.

00-03

mā	má	mǎ	mà	ma
妈 엄마	麻 삼베	马 말	骂 꾸짖다	吗 어기조사

성모

성모(声母, shēngmǔ)는 음절의 첫머리에 오는 자음을 말합니다.

00-04

쌍순음과 순치음	b	p	m	f
설첨음	d	t	n	l
설근음	g	k	h	
설면음	j	q	x	
설치음	z	c	s	
권설음	zh	ch	sh	r

* 운모 o, e, i, -i를 붙여서 연습해 봅시다.

운모

운모(韵母 yùnmǔ)는 음절에서 성모를 제외한 나머지 부분을 말합니다.

00-05

단운모	복운모				비운모					
a	ai	ao			an	ang				
o	ou				ong					
e	ei				en	eng				
i	ia (ya)	ie (ye)	iao (yao)	iou (you)	ian (yan)	iang (yang)	iong (yong)	in (yin)	ing (ying)	
u	ua (wa)	uo (wo)	uai (wai)	uei (wei)	uan (wan)	uang (wang)	uen (wen)	ueng (weng)		
ü	üe (yue)				üan (yuan)	ün (yun)				
er										

* i, u, ü 운모가 성모와 결합하지 않으면 괄호처럼 표기합니다.

성조 변화

① 不의 성조 변화 00-06

不 bù는 원래 제4성이지만, 뒤에 제4성이 오면 제2성으로 발음합니다.

bù shì ▸ bú shì　　bù qù ▸ bú qù

② 一의 성조 변화 00-07

一 yī는 원래 제1성이지만, 뒤에 제1 · 2 · 3성이 오면 제4성으로 발음하고, 제4성이 오면 제2성으로 발음합니다.

yī tiān ▸ yì tiān　　yī nián ▸ yì nián

yībǎi ▸ yìbǎi　　yī kuài ▸ yí kuài

③ 제3성의 성조 변화 00-08

제3성이 연달아 오면 앞의 제3성은 제2성으로 발음합니다.

nǐ hǎo ▸ ní hǎo　　shuǐguǒ ▸ shuíguǒ

제3성 뒤에 제1 · 2 · 4성과 경성이 오면 반3성으로 바꿔 발음합니다.

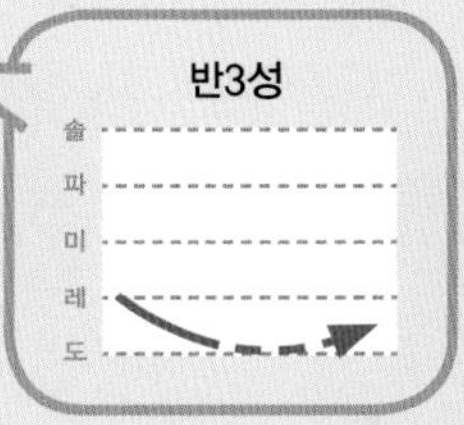

Běijīng　　Měiguó　　kǎoshì　　nǐmen

일러두기

*** 품사 약어표**

명사 (고유명사)	명 (고유)	대사	대	부사	부	조사	조
동사 (조동사)	동 (조동)	수사	수	개사	개	감탄사	감
형용사	형	양사	양	접속사	접	의성사	의

*** 고유명사 표기 –** 중국의 지명, 인명 등 명칭은 중국어 발음대로, 중국이 아닌 곳의 지명, 인명 등 명칭은 각 나라 언어 발음대로 표기했습니다. 단, 한자 독음이 더 친숙한 고유명사는 우리식 한자 독음으로 표기했습니다.

Unit

01

Nǐ hǎo!

你好！

| 안녕하세요!

학습 목표 □ 상황에 맞게 인사할 수 있다.

학습 내용 □ 인칭대사 □ 대상과 시간에 따른 인사 표현 □ 호칭 표현 □ 형용사술어문 □ 중국인의 성씨

준비하기

STEP 1 이번 과의 주제와 관련된 단어를 따라 읽어 보세요. 01-01

xiānsheng
先生
선생, 씨, 미스터

xiǎojiě
小姐
아가씨, 미스

nǚshì
女士
부인, 여사

STEP 2 이번 과의 핵심 문장을 발음과 억양에 유의하여 따라 읽어 보세요. 01-02

1 Nǐ hǎo!
你好！

2 Zǎoshang hǎo!
早上好！

3 Lǐ xiānsheng, nín hǎo!
李先生，您好！

회화 ①

인사하기

따라 읽기 1 / 2 / 3 01-03

Nǐ hǎo!
A 你好!

Nǐ hǎo!
B 你好!

Quiz
A와 B가 나눈 인사는 언제 할 수 있나요?

□ 헤어질 때
□ 만났을 때

01-04

New Words
- 你 nǐ 대 너, 당신
- 好 hǎo 형 좋다

아침 인사하기

따라 읽기 1 / 2 / 3 01-05

Zǎoshang hǎo!
A 早上好!

Zǎoshang hǎo!
B 早上好!

Quiz
A와 B는 언제 만났나요?

□ 아침
□ 저녁

01-06

New Words
- 早上 zǎoshang 명 아침

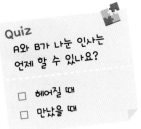

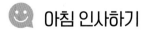

회화 ① 연습

STEP 1 알맞은 대답을 골라 대화를 연습해 보세요.

1 你好！

□ 你好！

□ 再见！

2 早上好！

□ 晚上好！

□ 早上好！

STEP 2 제시된 단어로 바꾸어 연습해 보세요.

1 你好！ 01-07

您	你们	大家

您 nín 대 당신, 귀하[你를 높여 부르는 말] | **你们** nǐmen 대 너희들, 당신들 | **大家** dàjiā 대 모두

2 早上好！ 01-08

上午	下午	晚上

上午 shàngwǔ 명 오전 | **下午** xiàwǔ 명 오후 | **晚上** wǎnshang 명 저녁, 밤

회화 ②

호칭을 붙여 인사하기

따라 읽기 1 / 2 / 3 01-09

Lǐ xiānsheng, nín hǎo!
A 李先生，您好！

Wáng xiǎojiě, nín hǎo!
B 王小姐，您好！

Quiz
A와 B의 성별은 무엇인가요?
□ A 남자, B 여자
□ A 여자, B 남자

01-10

New Words
• 李 Lǐ 명 이[성씨] • 先生 xiānsheng 명 선생님, 씨, 미스터 • 您 nín 대 당신, 귀하[你를 높여 부르는 말] • 王 Wáng 명 왕[성씨] • 小姐 xiǎojiě 명 아가씨, 미스

다수에게 인사하기

따라 읽기 1 / 2 / 3 01-11

Nǚshìmen, xiānshengmen, péngyoumen, wǎnshang hǎo!
女士们，先生们，朋友们，晚上好！

Quiz
화자가 인사한 때는 언제인가요?
□ 아침
□ 저녁

01-12

New Words
• 女士 nǚshì 명 부인, 여사 • 们 men 조 ~들[사람을 지칭하는 명사나 인칭대사 뒤에 쓰여 복수를 나타냄] • 朋友 péngyou 명 친구 • 晚上 wǎnshang 명 저녁, 밤

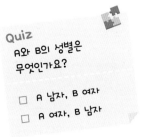

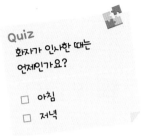

회화 ② 연습

STEP 1 알맞은 대답을 골라 대화를 연습해 보세요.

1 李先生，您好！

□ 王小姐，大家好！

□ 王小姐，您好！

STEP 2 제시된 단어로 바꾸어 연습해 보세요.

1 李先生，您好！ 01-13

张小姐　　王女士　　陈先生

张 Zhāng 명 장[성씨] | 陈 Chén 명 진[성씨]

STEP 3 순서대로 따라 읽으며 연습한 후, 암기하여 발표해 보세요. 01-14

1 Wǎnshang hǎo!
Péngyoumen, wǎnshang hǎo!
Xiānshengmen, péngyoumen, wǎnshang hǎo!
Nǚshìmen, xiānshengmen, péngyoumen, wǎnshang hǎo!

정리하기

1 인칭대사

사람을 대신하여 나타내는 단어를 인칭대사라고 합니다. 단수형 뒤에 '们'을 붙여 단수와 복수를 구분합니다. 상대방을 높이고자 하는 경우에는 '您'을 사용하며 '您'의 복수형은 '您们'이 아닌 '你们'을 사용합니다.

	단수	복수
1인칭	我 wǒ 나	我们 wǒmen 우리
2인칭	你 nǐ 너 / 您 nǐn 당신[존칭]	你们 nǐmen 너희들, 당신들
3인칭	他 tā 그 她 tā 그녀 它 tā 그것	他们 tāmen 그들 她们 tāmen 그녀들 它们 tāmen 그것들

2 대상과 시간에 따른 인사 표현

'사람 + 好'는 중국어에서 많이 사용하는 인사 표현의 형식입니다. 사람의 자리에 '你', '您'과 같은 인칭대사나 호칭을 넣어 말할 수 있습니다. 이 외에도 '시간 + 好' 형식으로 인사할 수 있습니다. 시간의 자리에는 '早上', '上午', '下午', '晚上' 등을 넣어 말합니다.

你好！
Nǐ hǎo!

您好！
Nín hǎo!

早上好！
Zǎoshang hǎo!

下午好！
Xiàwǔ hǎo!

Quiz 이번 과에서 배운 내용을 바탕으로 중국어로 바꾸어 써 보세요.

1. ① 나 ▶ ________ ② 당신[존칭] ▶ ________ ③ 그 ▶ ________ ④ 그녀들 ▶ ________

2. ① 안녕하세요! ▶ ________ ② 안녕하세요![존칭 표현] ▶ ________

③ 안녕하세요![아침에 만났을 때] ▶ ________ ④ 안녕하세요![오후에 만났을 때] ▶ ________

3 호칭 표현

일반적으로 성인 여성을 부를 때는 '小姐' 또는 '女士', 성인 남성을 부를 때는 '先生'이라 합니다.

陈小姐， 您好！
Chén xiǎojiě, nín hǎo!

张先生，您好！
Zhāng xiānsheng, nín hǎo!

4 형용사술어문

주어와 술어로 이루어진 중국어 문장에서 '好', '高', '大', '热'와 같은 형용사가 술어가 되는 문장을 형용사술어문이라 합니다. 형용사술어문의 술어 앞에는 일반적으로 정도부사 '很'이 사용됩니다.

你好！
Nǐ hǎo!

我很好。
Wǒ hěn hǎo.

他很高。
Tā hěn gāo.

今天很热。
Jīntiān hěn rè.

高 gāo 형 (키가) 크다 | **大** dà 형 크다 | **热** rè 형 덥다 | **很** hěn 부 매우 | **今天** jīntiān 명 오늘

5 중국인의 성씨

중국에는 수많은 성씨가 있으며 5대 성씨는 다음과 같습니다. 1위 '李 Lǐ', 2위 '王 Wáng', 3위 '张 Zhāng', 4위 '刘 Liú', 5위 '陈 Chén'으로 이 다섯 성씨 인구만 4억 명이 넘습니다.

3. ① 미스 천, 안녕하세요! ▶ ____________ ② 미스터 장, 안녕하세요! ▶ ____________

4. ① 안녕하세요! ▶ ____________ ② 나는 잘 지내요. ▶ ____________

③ 그는 (키가) 매우 크다. ▶ ____________ ④ 오늘은 매우 덥다. ▶ ____________

5. [자신의 성씨 쓰기] ▶ ____________

종합 연습

1 녹음을 듣고 사진과 일치하면 V, 틀리면 X를 표시하세요.

01-15

(1)

(　　)

(2)

(　　)

2 녹음을 듣고 질문에 알맞은 답을 고르세요.

01-16

(1) A 早上　　B 晚上　　C 下午

(2) A 早上　　B 晚上　　C 下午

3 주어진 단어를 사용하여 빈칸을 채우세요.

보기　小姐　　先生

미스 왕과 미스터 리가 서로 인사한다.

A 李__________，您好！

B 王__________，您好！

4 주어진 단어를 알맞은 순서로 배열하여 문장을 완성하세요.

(1) 女士们　晚上　朋友们　先生们　好　，　，　，　！

▶ ______________________________

(2) 小姐　好　您　王　，　！

▶ ______________________________

5 괄호 안의 단어를 넣어 연습한 후, 자유롭게 교체하여 대화해 보세요.

(1) A ________好！(你)

B ________好！(你)

(2) A ________好！(晚上)

B ________好！(晚上)

(3) A __________，您好！(李先生)

B __________，您好！(王小姐)

6 제시된 표현을 활용하여 다음 주제에 맞게 말해 보세요.

주제 시간대별로 인사하기

표현 早上　上午　下午　晚上

* Unit *

02

Huānyíng!

欢迎！

| 환영합니다!

학습 목표 □ 손님을 맞이하는 표현을 할 수 있다.

학습 내용 □ 환영 인사 표현 □ 请 청유문 □ 처음 만났을 때 인사 표현
□ 환영 및 감사 표현의 대상

준비하기

STEP 1 이번 과의 주제와 관련된 단어를 따라 읽어 보세요. 02-01

shuō
说
말하다

kàn
看
보다

chī
吃
먹다

STEP 2 이번 과의 핵심 문장을 발음과 억양에 유의하여 따라 읽어 보세요. 02-02

1 Qǐng jìn!
请进！

2 Hěn gāoxìng rènshi nín.
很高兴认识您。

3 Huānyíng nín lái wǒmen gōngsī.
欢迎您来我们公司。

회화 ①

손님 맞이하기 (1)

따라 읽기 1 / 2 / 3　02-03

Lǐ xiānsheng, nín hǎo!
A 李先生，您好！

Wáng xiǎojiě, nín hǎo!
B 王小姐，您好！

Huānyíng! Qǐng jìn!
A 欢迎！请进！

Xièxie!
B 谢谢！

Quiz
A와 B 중 누가 손님인가요?

□ A
□ B

02-04

New Words
- **欢迎** huānyíng 동 환영하다
- **请** qǐng 동 ~하세요
- **进** jìn 동 들다(들어오다, 들어가다)
- **谢谢** xièxie 동 감사하다, 고마워하다

회화 ① 연습

STEP 1 알맞은 대답을 골라 대화를 연습해 보세요.

1 王小姐，您好！

- ☐ 您好！
- ☐ 谢谢！

2 请进！

- ☐ 进！
- ☐ 谢谢！

STEP 2 제시된 단어로 바꾸어 연습해 보세요.

1 李先生，您好！ 02-05

刘小姐 / 早上　　郑女士 / 下午　　金先生 / 晚上

刘 Liú 명 유[성씨] | 郑 Zhèng 명 정[성씨] | 金 Jīn 명 김[성씨]

2 请进！ 02-06

坐　　喝　　吃

坐 zuò 동 앉다 | 喝 hē 동 마시다 | 吃 chī 동 먹다

회화 ②

손님 맞이하기 (2)

따라 읽기 1 / 2 / 3　02-07

Huānyíng nín, Wáng xiānsheng!
A 欢迎您，王先生！

Nín hǎo, Lǐ nǚshì!
B 您好，李女士！

Hěn gāoxìng rènshi nín, qǐng zuò!
A 很高兴认识您，请坐！

Xièxie nín!
B 谢谢您！

Quiz
누가 손님을 맞이하나요?
□ 미스터 왕
□ 리 여사

02-08

New Words
• 很 hěn 부 매우, 아주 • 高兴 gāoxìng 형 기쁘다 • 认识 rènshi 동 알다 • 坐 zuò 동 앉다

회화 ② 연습

STEP 1 알맞은 대답을 골라 대화를 연습해 보세요.

1 您好，李女士！

□ 很高兴认识您。

□ 谢谢！

2 请坐！

□ 欢迎！

□ 谢谢您！

STEP 2 제시된 단어로 바꾸어 연습해 보세요.

1 欢迎您。 02-09

谢谢　　很高兴认识　　感谢

感谢 gǎnxiè 동 감사하다

2 很高兴认识您。 02-10

见到　　遇见

见到 jiàndào 만나다 | **遇见** yùjiàn 동 만나다, 조우하다

단문

손님 맞이하기 (3)

따라 읽기 1 / 2 / 3 02-11

Wáng xiānsheng, nín hǎo! Hěn gāoxìng rènshi nín. Huānyíng nín lái
王先生，您好！很高兴认识您。欢迎您来

wǒmen gōngsī, qǐng jìn, qǐng zuò.
我们公司，请进，请坐。

Speaking Training

1. 빈칸을 자유롭게 채워 말해 보세요.

_____，您好！很高兴认识您。欢迎您来我们_____，请_____，请_____。

2. 자유롭게 환영 인사를 나누어 보세요.

02-12

New Words
- 来 lái 동 오다
- 我们 wǒmen 대 우리
- 公司 gōngsī 명 회사

단문 연습

STEP 1 순서대로 따라 읽으며 연습한 후, 암기하여 발표해 보세요. 02-13

1
Hǎo!
Nín hǎo!
Wáng xiānsheng, nín hǎo!

2
Rènshi.
Rènshi nín.
Hěn gāoxìng rènshi nín.

3
Lái.
Lái wǒmen gōngsī.
Nín lái wǒmen gōngsī.
Huānyíng nín lái wǒmen gōngsī.
Huānyíng nín lái wǒmen gōngsī, qǐng jìn.
Huānyíng nín lái wǒmen gōngsī, qǐng jìn, qǐng zuò.

STEP 2 제시된 단어로 바꾸어 연습해 보세요.

1 欢迎您来<u>我们公司</u>。 02-14

我们学校	韩国	这里

学校 xuéxiào 명 학교 | **韩国** Hánguó 고유 한국 | **这里** zhèlǐ 대 이곳, 여기

정리하기

1 환영 인사 표현

'欢迎'은 '환영하다'는 의미로 손님을 맞이할 때 사용하는 인사 표현입니다. 식당이나 상점에서는 '왕림하다'는 뜻의 '光临'을 붙여 '欢迎观临'이라고 말합니다.

欢迎！
Huānyíng!

欢迎光临！
Huānyíng guānglín!

光临 guānglín 동 왕림하다

2 请 청유문

'요청하다'는 뜻의 '请'은 상대방에게 정중히 권하거나 부탁할 때 사용하는 말로 영어의 'please'에 해당합니다. '请'은 단독으로도 사용할 수 있으며, 상황에 따라 '들어오세요', '앉으세요', '말씀하세요', '드세요' 등 다양한 뜻을 나타냅니다. '请' 뒤에 동사가 오면 어떤 동작을 요구하는데 사용되며 '(동사) 하세요'라는 청유문이 됩니다.

请进！
Qǐng jìn!

请坐！
Qǐng zuò!

请喝茶。
Qǐng hē chá.

请慢用。
Qǐng màn yòng.

茶 chá 명 차 | 慢用 màn yòng 천천히 많이 드세요

Quiz 이번 과에서 배운 내용을 바탕으로 중국어로 바꾸어 써 보세요.

1. ① 환영합니다! ▶ ______

   ② 어서 오세요!(왕림해 주신 것을 환영합니다!) ▶ ______

2. ① 들어오세요! ▶ ______　② 앉으세요! ▶ ______

   ③ 차 드세요. ▶ ______　④ 천천히 많이 드세요. ▶ ______

3 처음 만났을 때 인사 표현

처음 만났을 때는 '당신을 알게 되어서 반갑다'는 뜻으로 '很高兴认识您'이라고 인사하거나, '당신을 만나게 되어서 반갑다'는 뜻으로 '很高兴见到您'이라고 말합니다. 순서를 바꿔 '认识您很高兴'이나 '见到您很高兴'이라고 해도 됩니다.

A 很高兴认识您。
Hěn gāoxìng rènshi nín.

B 我也很高兴认识您。
Wǒ yě hěn gāoxìng rènshi nín.

A 见到您很高兴。
Jiàndào nín hěn gāoxìng.

B 见到您我也很高兴。
Jiàndào nín wǒ yě hěn gāoxìng.

也 yě 부 ~도, 또한

4 환영 및 감사 표현의 대상

'欢迎'이나 '谢谢' 뒤에 환영이나 고마움의 대상 혹은 사건을 목적어로 두어 직접적으로 드러낼 수도 있습니다.

A 欢迎您！
Huānyíng nín!

B 谢谢您！
Xièxie nín!

欢迎您来我们公司。
Huānyíng nín lái wǒmen gōngsī.

3. ① A 당신을 알게 되어 매우 기쁩니다. ▶ ______

B 저도 당신을 알게 되어 매우 기쁩니다. ▶ ______

② A 당신을 만나게 되어 매우 기쁩니다. ▶ ______

B 당신을 만나게 되어 저도 매우 기쁩니다. ▶ ______

4. ① A (당신을) 환영합니다! ▶ ______

B (당신에게) 감사합니다! ▶ ______

② (당신이) 저희 회사에 오신 것을 환영합니다! ▶ ______

종합 연습

1 녹음을 듣고 사진과 일치하면 V, 틀리면 X를 표시하세요. 02-15

(1) 

(　　)

(2) 

(　　)

2 녹음을 듣고 질문에 알맞은 답을 고르세요. 02-16

(1) **A** 李　　**B** 王　　**C** 陈

(2) **A** 学校　　**B** 公司　　**C** 家

3 주어진 단어를 사용하여 빈칸을 채우세요.

보기 高兴　　您　　坐

리 여사가 미스터 왕을 맞이한다.

A 欢迎__________，王先生！

B 您好，李女士！

A 很__________认识您，请__________！

B 谢谢您！

4 주어진 단어를 알맞은 순서로 배열하여 문장을 완성하세요.

(1) 高兴　　您　　认识　　很　　。

▶ ____________________

(2) 您　　公司　　来　　我们　　欢迎　　。

▶ ____________________

5 괄호 안의 단어를 넣어 연습한 후, 자유롭게 교체하여 대화해 보세요.

(1) **A** 请__________！（进）

B 谢谢！

(2) **A** 您好，__________！（李女士）

B 很高兴__________您。（认识）

(3) 欢迎您来__________。（我们公司）

6 제시된 표현을 활용하여 다음 주제와 상황에 맞게 말해 보세요.

주제 손님 맞이하기

상황 미스터 왕이 당신의 회사에 찾아왔습니다. 환영하는 표현을 해 보세요.

표현 欢迎您……　　请……

* Unit *

03

Wǒ lái jièshào yíxià.

我来介绍一下。

| 제가 소개하겠습니다.

학습 목표 □ 이름을 묻고 답할 수 있다.

학습 내용 □ 이름을 묻는 표현 □ 是 술어문 □ 지시대사 这/这儿, 那/那儿
□ 조사 的 □ 동사 + 一下

준비하기

STEP 1 이번 과의 주제와 관련된 단어를 따라 읽어 보세요. 03-01

shū	míngpiàn	shǒujī
书	**名片**	**手机**
책	명함	휴대전화

STEP 2 이번 과의 핵심 문장을 발음과 억양에 유의하여 따라 읽어 보세요. 03-02

1. Nín guìxìng?
   您贵姓?
   ☑ ☐ ☐

2. Wǒ xìng Lǐ, jiào Lǐ Xiǎomíng.
   我姓李，叫李小明。
   ☑ ☐ ☐

3. Zhè shì wǒ de míngpiàn.
   这是我的名片。
   ☑ ☐ ☐

회화 ①

이름 묻기

따라 읽기 1 / 2 / 3 03-03

Nín hǎo, nín guìxìng?
A 您好，您贵姓？

Wǒ xìng Lǐ, jiào Lǐ Xiǎomíng, nín guìxìng?
B 我姓李，叫李小明，您贵姓？

Wǒ xìng Wáng, jiào Wáng Tiān, hěn gāoxìng rènshi nín.
A 我姓王，叫王天，很高兴认识您。

Wǒ yě shì, hěn gāoxìng rènshi nín.
B 我也是，很高兴认识您。

Quiz
샤오밍의 성씨는 무엇인가요?

☐ 王
☐ 李

03-04

New Words
- 贵 guì 형 존경의 뜻을 나타내는 말
- 姓 xìng 명 성씨 동 성이 ~이다
- 我 wǒ 대 나, 저
- 叫 jiào 동 (이름을) ~라고 하다
- 也 yě 부 ~도, 또한
- 是 shì 동 ~이다

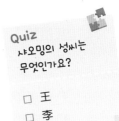

회화 ① 연습

STEP 1 알맞은 대답을 골라 대화를 연습해 보세요.

1 您贵姓?

- □ 我姓天，叫王天。
- □ 我姓王，叫王天。

2 很高兴认识您。

- □ 我也是，很高兴认识您。
- □ 你也是，很高兴认识您。

STEP 2 제시된 단어로 바꾸어 연습해 보세요.

1 我姓<u>李</u>，叫<u>李小明</u>。 03-05

王 / 王天　　朴 / 朴静恩　　金 / 金民秀

朴 piáo 명 박[성씨]

2 <u>我</u>也是。 03-06

他们　　我们　　他

회화 ②

명함 주고받기

따라 읽기 1 / 2 / 3 03-07

Huānyíng nǐ, Lǐ nǚshì.

A 欢迎你，李女士。

Wǒ shì zhèr de jīnglǐ, wǒ xìng Wáng.

我是这儿的经理，我姓王。

Wáng jīnglǐ, nǐ hǎo, zhè shì wǒ de míngpiàn.

B 王经理，你好，这是我的名片。

Xièxie, zhè shì wǒ de míngpiàn, hěn gāoxìng rènshi nín.

A 谢谢，这是我的名片，很高兴认识您。

Wǒ yě shì, hěn gāoxìng rènshi nín.

B 我也是，很高兴认识您。

Quiz
A와 B는 무엇을 주고받았나요?

- □ 서류
- □ 명함

03-08

New Words

- 这儿 zhèr 대 여기
- 的 de 조 ~의[관형어와 중심어를 연결함]
- 经理 jīnglǐ 명 사장, 책임자
- 这 zhè 대 이, 이것
- 名片 míngpiàn 명 명함

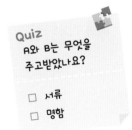

회화 ② 연습

STEP 1 알맞은 대답을 골라 대화를 연습해 보세요.

1 我是这儿的经理，我姓王。

□ 李经理，你好。

□ 王经理，你好。

2 你好，这是我的名片。

□ 谢谢，这是我的名片。

□ 谢谢，这儿是我的名片。

STEP 2 제시된 단어로 바꾸어 연습해 보세요.

1 我是这儿的经理。 03-09

学生	员工	医生

学生 xuésheng 명 학생 | 员工 yuángōng 명 직원 | 医生 yīshēng 명 의사

2 这是我的名片。 03-10

书	手机	包

书 shū 명 책 | 手机 shǒujī 명 휴대전화 | 包 bāo 명 가방

단문

자신과 동료 소개하기

따라 읽기 1 / 2 / 3 03-11

Nǐmen hǎo, wǒ xìng Lǐ, jiào Lǐ Hǎo, zài yínháng gōngzuò. Hěn
你们好，我姓李，叫李好，在银行工作。很

gāoxìng rènshi nǐmen. Wǒ lái jièshào yíxià: Zhè wèi shì Lǐ nǚshì,
高兴认识你们。我来介绍一下：这位是李女士，

shì wǒmen yínháng de jīnglǐ. Nà wèi shì Wáng xiānsheng, yě zài wǒmen
是我们银行的经理。那位是王先生，也在我们

yínháng gōngzuò.
银行工作。

Speaking Training

1. 빈칸을 자유롭게 채워 말해 보세요.

你们好，我姓_____，叫_____，在_____工作。很高兴认识你们。我来介绍一下：这位是_____，是我们_____。那位是_____，也在我们_____工作。

2. 자기 소개를 해 보세요.

03-12

New Words

- **你们** nǐmen 대 당신들
- **在** zài 개 ~에(서)
- **银行** yínháng 명 은행
- **工作** gōngzuò 동 일하다
- **来** lái 동 동사의 앞에 놓여 어떤 일을 하려는 적극성이나, 상대방에게 어떤 행동을 하게 하는 어감을 나타냄
- **介绍** jièshào 동 소개하다
- **一下** yíxià 동사 뒤에 쓰여 '한번 ~하다', '시험 삼아 해 보다'의 뜻을 나타냄
- **位** wèi 양 분[사람을 세는 단위]
- **那** nà 대 저(것), 그(것)

단문 연습

STEP 1 다음 문장과 본문 내용이 일치하면 V, 틀리면 X를 표시하고, 바르게 고쳐 말해 보세요.

1 李好在银行工作。 ☐
Lǐ Hǎo zài yínháng gōngzuò.

▶ ____________________

2 李女士是银行的科长。 ☐
Lǐ nǚshì shì yínháng de kēzhǎng.

▶ ____________________

3 王先生也在银行工作。 ☐
Wáng xiānsheng yě zài yínháng gōngzuò.

▶ ____________________

STEP 2 제시된 단어로 바꾸어 연습해 보세요.

1 我姓李，叫李好，在银行工作。 03-13

王 / 王欢 / 医院　　刘 / 刘明 / 旅行社　　张 / 张小明 / 学校

医院 yīyuàn 명 병원 | **旅行社** lǚxíngshè 명 여행사

2 我来介绍一下。 03-14

看　　说明　　试

看 kàn 동 보다 | **说明** shuōmíng 동 설명하다 | **试** shì 동 시험 삼아 해 보다, 시도하다

정리하기

1 이름을 묻는 표현

정중하게 성씨를 물어볼 때는 '您贵姓?'으로 묻고, '我姓○' 또는 '我姓○, 叫○○○'으로 대답합니다. 아랫사람이나 동년배에게 이름을 물어볼 때는 '你叫什么名字?'로 묻고 '我叫○○○'로 대답합니다. 이때는 일반적으로 성씨와 이름을 같이 말합니다.

A 您贵姓?
Nín guìxìng?

B 我姓王。/ 我姓王，叫王天。
Wǒ xìng Wáng. / Wǒ xìng Wáng, jiào Wáng Tiān.

A 你叫什么名字?
Nǐ jiào shénme míngzi?

B 我叫李小明。
Wǒ jiào Lǐ Xiǎomíng.

2 是 술어문

주요 술어가 '~이다'는 뜻의 동사 '是'인 문장을 '是 술어문'이라고 합니다. 이 문장에서 주어와 목적어는 동일한 사물이거나 목적어가 주어의 소속이나 성질임을 나타냅니다.

这是我的包。
Zhè shì wǒ de bāo.

她是我的秘书。
Tā shì wǒ de mìshū.

秘书 mìshū 명 비서

Quiz 이번 과에서 배운 내용을 바탕으로 중국어로 바꾸어 써 보세요.

1. ① A 성씨가 어떻게 되세요? ▶ ______
   B 저는 왕씨입니다. ▶ ______ / 저는 왕씨이고, 왕티엔이라고 합니다. ▶ ______
   ② A 이름이 어떻게 되세요? ▶ ______
   B 저는 리샤오밍입니다. ▶ ______

2. ① 이것은 제 가방입니다. ▶ ______ ② 그녀는 나의 비서입니다. ▶ ______

3 지시대사 这/这儿, 那/那儿

가까운 거리의 사람이나 사물은 '这', 먼 거리의 사람이나 사물은 '那'로 가리킵니다. 여기에 '儿'을 붙이면 장소를 나타내는 지시대사가 되며, 말하는 이와 가까울 때는 '这儿', 말하는 이와 멀 때는 '那儿'로 가리킵니다.

这是我的名片。
Zhè shì wǒ de míngpiàn.

那是我的名片。
Nà shì wǒ de míngpiàn.

我是这儿的经理。
Wǒ shì zhèr de jīnglǐ.

我是那儿的经理。
Wǒ shì nàr de jīnglǐ.

4 조사 的

조사 '的'는 관형어와 중심어 사이에 쓰여서 '~의'라는 의미로 사용됩니다.

这是我的手机。
Zhè shì wǒ de shǒujī.

我是这儿的学生。
Wǒ shì zhèr de xuésheng.

5 동사 + 一下

'한 번'이라는 뜻의 '一下'가 동사 뒤에 쓰이면 '좀 ~해 보다'라는 뜻을 나타냅니다.

我来介绍一下。
Wǒ lái jièshào yíxià.

我听一下。
Wǒ tīng yíxià.

听 tīng 동 듣다

3. ① 이것은 저의 명함입니다. ▶ ____________
② 저것은 나의 명함입니다. ▶ ____________
③ 저는 이곳의 사장입니다. ▶ ____________
④ 저는 그곳(저곳)의 사장입니다. ▶ ____________

4. ① 이것은 제 휴대전화입니다. ▶ ____________
② 저는 이곳의 학생입니다. ▶ ____________

5. ① 제가 좀 소개할게요. ▶ ____________
② 제가 좀 들어 볼게요. ▶ ____________

종합 연습

1 녹음을 듣고 사진과 일치하면 V, 틀리면 X를 표시하세요. 03-15

(1)

(　　)

(2)

(　　)

2 녹음을 듣고 질문에 알맞은 답을 고르세요. 03-16

(1) **A** 李　　**B** 王　　**C** 张

(2) **A** 李　　**B** 王　　**C** 张

3 주어진 단어를 사용하여 빈칸을 채우세요.

보기　的　　姓　　也

리 여사와 왕 사장이 명함을 주고 받는다.

A 欢迎你，李女士。
　我是这儿的经理，我＿＿＿＿＿王。
B 王经理，你好，这是我＿＿＿＿＿名片。
A 谢谢，这是我的名片，很高兴认识您。
B 我＿＿＿＿＿是，很高兴认识您。

4 주어진 단어를 알맞은 순서로 배열하여 문장을 완성하세요.

(1) 这　我　名片　的　是　。

▶ ______________________________

(2) 这儿　是　经理　我　的　。

▶ ______________________________

(3) 一下　来　我　介绍　。

▶ ______________________________

5 괄호 안의 단어를 넣어 연습한 후, 자유롭게 교체하여 대화해 보세요.

(1) **A** 您贵姓?
B 我姓__________，叫__________。(李/李小明)

(2) **A** 你叫什么名字?
B 我叫__________。(王欢)

(3) **A** 很高兴__________您。(认识)
B 我也是，很高兴__________您。(认识)

6 제시된 표현을 활용하여 다음 주제와 상황에 맞게 말해 보세요.

주제 동료 소개하기

상황 회사에 손님이 찾아왔습니다. 자신과 동료들을 소개해 보세요.

표현 在……工作　这位是……　那位是……

* Unit *

04

Zàijiàn!

再见！

| 안녕히 가세요!

학습 목표 □ 근황을 묻고 답할 수 있다. □ 가는 곳을 묻고 답할 수 있다.

학습 내용 □ 吗 의문문 □ 부정부사 不 □ 의문대사 哪儿 □ 어기조사 呢
□ 때를 나타내는 표현

준비하기

STEP 1 이번 과의 주제와 관련된 단어를 따라 읽어 보세요. 04-01

zuótiān
昨天
어제

jīntiān
今天
오늘

míngtiān
明天
내일

STEP 2 이번 과의 핵심 문장을 발음과 억양에 유의하여 따라 읽어 보세요. 04-02

1 Hǎojiǔ bú jiàn! ☑ ☐ ☐
好久不见！

2 Nín máng ma? ☑ ☐ ☐
您忙吗?

3 Wǒ qù yínháng, nǐ ne? ☑ ☐ ☐
我去银行，你呢?

회화 ①

오랜만에 만났을 때

따라 읽기 1 / 2 / 3 　04-03

Nín hǎo, Wáng xiǎojiě, huānyíng nǐ!
A 您好，王小姐，欢迎你！

Nín hǎo, Lǐ xiānsheng, hǎojiǔ bú jiàn!
B 您好，李先生，好久不见！

Hǎojiǔ bú jiàn, nín máng ma?
A 好久不见，您忙吗？

Bù máng, qǐng jìn!
B 不忙，请进！

Xièxie!
A 谢谢！

Quiz
B는 요즘 어떤가요?

□ 바쁘다
□ 바쁘지 않다

04-04

New Words
• **好** hǎo [부] 많거나 오래되었음을 나타냄 • **久** jiǔ [형] 오래다, (시간이) 길다 • **不** bù [부] 부정을 표시함 • **见** jiàn [동] 만나다 • **忙** máng [형] 바쁘다 • **吗** ma [조] 문장 끝에 쓰여 의문을 나타냄

회화 ① 연습

STEP 1 알맞은 대답을 골라 대화를 연습해 보세요.

1 好久不见！

- □ 明天见！
- □ 好久不见！

2 您忙吗?

- □ 不忙。
- □ 很好。

STEP 2 제시된 단어로 바꾸어 연습해 보세요.

1 好久不见！ 04-05

再	明天	下周

再 zài 부 다시, 또 | 明天 míngtiān 명 내일 | 下周 xià zhōu 다음 주

2 您忙吗? 04-06

高兴	来	累

累 lèi 형 피곤하다

회화 ②

가는 곳 묻기

따라 읽기 1 / 2 / 3　04-07

Wáng xiǎojiě, nǐ hǎo, hǎojiǔ bú jiàn!
A 王小姐，你好，好久不见！

Hǎojiǔ bú jiàn, Lǐ xiānsheng, nín qù nǎr?
B 好久不见，李先生，您去哪儿？

Wǒ qù yínháng, nǐ ne?
A 我去银行，你呢？

Wǒ qù gōngsī, zàijiàn!
B 我去公司，再见！

Zàijiàn!
A 再见！

Quiz
미스터 리는 어디에 가나요?
□ 회사
□ 은행

04-08

New Words
- **去** qù 동 가다
- **哪儿** nǎr 대 어디, 어느 곳
- **呢** ne 조 문장 끝에서 의문의 어기를 나타냄
- **再见** zàijiàn 동 안녕히 계십시오, 또 뵙겠습니다

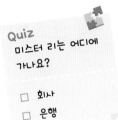

회화 ② 연습

STEP 1 알맞은 대답을 골라 대화를 연습해 보세요.

1 您去哪儿?

- □ 好久不见。
- □ 我去银行。

2 我去银行，你呢?

- □ 我去公司。
- □ 我去公司，你呢?

STEP 2 제시된 단어로 바꾸어 연습해 보세요.

1 我去银行。 04-09

邮局	超市	宿舍

邮局 yóujú 명 우체국 | **超市** chāoshì 명 슈퍼마켓 | **宿舍** sùshè 명 기숙사

2 你呢? 04-10

你们	妈妈	老师

妈妈 māma 명 엄마, 어머니 | **老师** lǎoshī 명 선생님

단문

방문 요청하기

따라 읽기 1 / 2 / 3 04-11

Lǐ xiānsheng, nín hǎo, hǎojiǔ bú jiàn! Nín míngtiān máng ma?
李先生，您好，好久不见！您明天忙吗？

Qǐng nín míngtiān lái yíxià wǒ de gōngsī, xièxie. Míngtiān jiàn!
请您明天来一下我的公司，谢谢。明天见！

Speaking Training

1. 빈칸을 자유롭게 채워 말해 보세요.

_____，您好，好久不见！您_____忙吗？请您_____来一下_____，谢谢。_____见！

2. 친구나 동료에게 자신의 학교나 회사에 와 달라고 요청해 보세요.

04-12

New Words
- 明天 míngtiān 명 내일

단문 연습

STEP 1 순서대로 따라 읽으며 연습한 후, 암기하여 발표해 보세요. 04-13

1
Hǎojiǔ bú jiàn!
Nín hǎo, hǎojiǔ bú jiàn!
Lǐ xiānsheng, nín hǎo, hǎojiǔ bú jiàn!

2
Máng?
Máng ma?
Míngtiān máng ma?
Nín míngtiān máng ma?

3
Wǒ de gōngsī.
Lái yíxià wǒ de gōngsī.
Míngtiān lái yíxià wǒ de gōngsī.
Qǐng nín míngtiān lái yíxià wǒ de gōngsī, xièxie.

4
Jiàn!
Míngtiān jiàn!

STEP 2 제시된 단어로 바꾸어 연습해 보세요.

1 请您<u>明天</u>来一下我的<u>公司</u>。 04-14

今天 / 家　　后天 / 办公室　　下周 / 学校

家 jiā 명 집 | 后天 hòutiān 명 모레 | 办公室 bàngōngshì 명 사무실

정리하기

1 吗 의문문

'吗'는 의문을 나타내는 조사로 문장 끝에 사용합니다.

您累吗?
Nín lèi ma?

他来吗?
Tā lái ma?

2 부정부사 不

'不'는 부정을 나타내는 부사로 현재 또는 미래의 행위를 부정합니다.

A 他忙吗?
Tā máng ma?

B 他不忙。
Tā bù máng.

A 你去银行吗?
Nǐ qù yínháng ma?

B 我不去银行。
Wǒ bú qù yínháng.

3 의문대사 哪儿

'哪儿'은 장소를 묻는 의문대사로 '어디'인지 물어볼 때 사용합니다. 장소가 들어갈 자리에 위치하며 대답할 때는 '哪儿'의 자리에 장소를 넣어 대답합니다.

A 您去哪儿?
Nín qù nǎr?

B 我去公司。
Wǒ qù gōngsī.

A 王小姐住哪儿?
Wáng xiǎojiě zhù nǎr?

B 她住宾馆。
Tā zhù bīnguǎn.

住 zhù 동 살다, 머무르다 | **宾馆** bīnguǎn 명 호텔

Quiz

이번 과에서 배운 내용을 바탕으로 중국어로 바꾸어 써 보세요.

1. ① 당신은 피곤하신가요? ▶ ______ ② 그는 오나요? ▶ ______

2. ① A 그는 바쁜가요? ▶ ______ ② A 당신은 은행에 가나요? ▶ ______
   B 그는 바쁘지 않습니다. ▶ ______ B 저는 은행에 가지 않습니다. ▶ ______

3. ① A 당신은 어디에 가세요? ▶ ______ ② A 미스 왕은 어디에 사나요? ▶ ______
   B 저는 회사에 갑니다. ▶ ______ B 그녀는 호텔에 삽니다. ▶ ______

4 어기조사 呢

'呢'는 의문의 어기를 나타내는 조사로 문장 끝에 사용합니다. 일반적으로 한국어의 '~는?'과 비슷합니다.

你呢?
Nǐ ne?

我姓李，你呢?
Wǒ xìng Lǐ, nǐ ne?

你们呢?
Nímen ne?

我去银行，你们呢?
Wǒ qù yínháng, nǐmen ne?

5 때를 나타내는 표현

'○ + 天'의 형식으로 다음과 같이 특정한 때를 나타낼 수 있습니다.

그저께	어제	오늘	내일	모레
前天 qiántiān	昨天 zuótiān	今天 jīntiān	明天 míngtiān	后天 hòutiān

明天见!
Míngtiān jiàn!

您后天忙吗?
Nín hòutiān máng ma?

4. ① 너는? ▶ ________ ② 너희들은? ▶ ________

③ 저는 리씨입니다. 당신은요? ▶ ________ ④ 저는 은행에 갑니다. 당신들은요? ▶ ________

5. ① 내일 뵙겠습니다! ▶ ________ ② 당신은 모레 바쁘신가요? ▶ ________

종합 연습

1 녹음을 듣고 사진과 일치하면 V, 틀리면 X를 표시하세요.

04-15

(1)

(   )

(2)

(   )

2 녹음을 듣고 질문에 알맞은 답을 고르세요.

04-16

(1) A 今天　　B 明天　　C 后天

(2) A 忙　　B 不忙　　C 不知道

3 주어진 단어를 사용하여 빈칸을 채우세요.

보기　呢　　哪儿　　再见

미스터 리와 미스 왕이 서로 행선지를 묻는다.

A 王小姐，你好，好久不见！

B 好久不见，李先生，您去＿＿＿＿＿？

A 我去银行，你＿＿＿＿＿？

B 我去公司，再见！

A ＿＿＿＿＿！

4 주어진 단어를 알맞은 순서로 배열하여 문장을 완성하세요.

(1) 哪儿　您　去　?

▸ ______________________________

(2) 呢　去　我　你　银行　,　?

▸ ______________________________

(3) 来　请　公司　您　我的　一下　明天　。

▸ ______________________________

5 괄호 안의 단어를 넣어 연습한 후, 자유롭게 교체하여 대화해 보세요.

(1) **A** 你去哪儿?

B 我去________。(公司)

(2) **A** 您________吗? (忙)

B 不________。(忙)

(3) **A** 我去________, 你呢? (银行)

B 我去________。(邮局)

6 제시된 표현을 활용하여 다음 주제와 상황에 맞게 말해 보세요.

주제 요청하기

상황 상대방의 근황을 묻고, 내일 회사로 방문해 줄 것을 요청해 보세요.

표현 好久不见　一下　……吗?

Unit 05

Tā shì nǎ guó rén?

他是哪国人?

| 그는 어느 나라 사람인가요?

학습 목표 □ 누구인지 묻고 답할 수 있다. □ 국적을 묻고 답할 수 있다.

학습 내용 □ 의문대사 谁 □ 의문대사 哪 □ 부사 真 □ 연동문

준비하기

STEP 1 이번 과의 주제와 관련된 단어를 따라 읽어 보세요. 05-01

Hánguó
韩国
한국

Zhōngguó
中国
중국

Měiguó
美国
미국

STEP 2 이번 과의 핵심 문장을 발음과 억양에 유의하여 따라 읽어 보세요. 05-02

1 Tā shì nǎ guó rén? ☑ ☐ ☐
他是哪国人?

2 Tā shì Hánguórén. ☑ ☐ ☐
他是韩国人。

3 Tā de Hànyǔ zhēn hǎo. ☑ ☐ ☐
她的汉语真好。

회화 ①

누구인지 묻기

따라 읽기 1 / 2 / 3 05-03

Nà wèi shì shéi?
A 那位是谁?

Nà shì Lǐ xiānsheng, tā shì wǒmen gōngsī de jīnglǐ.
B 那是李先生，他是我们公司的经理。

Tā shì nǎ guó rén?
A 他是哪国人?

Tā shì Zhōngguórén.
B 他是中国人。

Quiz
미스터 리는 어느 나라 사람인가요?

☐ 일본인
☐ 중국인

05-04

New Words
- 谁 shéi 대 누구
- 他 tā 대 그
- 哪 nǎ 대 어느, 어떤, 어디
- 国 guó 명 국가, 나라
- 人 rén 명 사람
- 中国 Zhōngguó 고유 중국

회화 ① 연습

STEP 1 알맞은 대답을 골라 대화를 연습해 보세요.

1 那位是谁?

□ 这是李先生。

□ 那是李先生。

2 他是哪国人?

□ 他叫中国人。

□ 他是中国人。

STEP 2 제시된 단어로 바꾸어 연습해 보세요.

1 那位是谁? 05-05

这位　　她　　他

她 tā 대 그녀

2 那是李先生。 05-06

这位 / 我爸爸　　她 / 金老师　　他 / 刘主任

爸爸 bàba 명 아빠, 아버지 | 主任 zhǔrèn 명 주임[직책]

회화 ②

국적 묻기

따라 읽기 1 / 2 / 3 05-07

Lǐ jīnglǐ shì nǎ guó rén?
A 李经理是哪国人?

Tā shì Hánguórén.
B 他是韩国人。

Wáng mìshū yě shì Hánguórén ma?
A 王秘书也是韩国人吗?

Bú shì, tā shì Měiguórén.
B 不是，她是美国人。

Tā de Hànyǔ zhēn hǎo.
A 她的汉语真好。

Quiz
왕 비서는 어느 나라 사람인가요?
□ 한국인
□ 미국인

05-08

New Words
- 韩国 Hánguó 고유 한국
- 秘书 mìshū 명 비서
- 她 tā 대 그녀
- 美国 Měiguó 고유 미국
- 汉语 Hànyǔ 고유 중국어
- 真 zhēn 부 정말

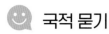

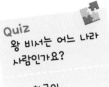

회화 ② 연습

STEP 1 알맞은 대답을 골라 대화를 연습해 보세요.

1 李先生是哪国人?

- ☐ 他是韩国人。
- ☐ 她是韩国人。

2 王秘书也是韩国人吗?

- ☐ 是，她是美国人。
- ☐ 不是，她是美国人。

STEP 2 제시된 단어로 바꾸어 연습해 보세요.

1 他是<u>韩国</u>人。 05-09

中国　　日本　　西班牙

日本 Rìběn 고유 일본 | 西班牙 Xībānyá 고유 스페인

2 她的<u>汉语</u>真<u>好</u>。 05-10

工作 / 忙　　衣服 / 漂亮　　哥哥 / 帅

衣服 yīfu 명 옷, 의복 | 漂亮 piàoliang 형 아름답다, 예쁘다 | 哥哥 gēge 명 형, 오빠 | 帅 shuài 형 멋지다

단문

자신과 친구 소개하기

따라 읽기 1 / 2 / 3 05-11

Wǒ xìng Wáng, jiào Wáng Tiān, shì Zhōngguórén. Wǒ zài yínháng gōng zuò. Wǒ de hǎo péngyou Mǎlì shì Měiguórén. Tā lái Zhōngguó xuéxí Hànyǔ, tā de Hànyǔ hěn hǎo.

我姓王，叫王天，是中国人。我在银行工作。我的好朋友玛丽是美国人。她来中国学习汉语，她的汉语很好。

Speaking Training

1. 빈칸을 자유롭게 채워 말해 보세요.

我姓______，叫______，是______人。我在______工作。我的好朋友______是______人。______来______学习______，______的______很好。

2. 자신의 친한 친구를 소개해 보세요.

05-12

New Words
- 学习 xuéxí 동 공부하다

단문 연습

STEP 1 다음 문장과 본문 내용이 일치하면 V, 틀리면 X를 표시하고, 바르게 고쳐 말해 보세요.

1. 王天是中国人。 ☐
   Wáng Tiān shì Zhōngguórén.

   ▶ ____________________

2. 王天的好朋友玛丽是英国人。 ☐
   Wáng Tiān de hǎo péngyou Mǎlì shì Yīngguórén.

   ▶ ____________________

3. 玛丽来中国工作。 ☐
   Mǎlì lái Zhōngguó gōngzuò.

   ▶ ____________________

STEP 2 다음 질문에 답해 보세요.

1. 王天在哪儿工作?
   Wáng Tiān zài nǎr gōngzuò?

   ▶ ____________________

2. 玛丽是哪国人?
   Mǎlì shì nǎ guó rén?

   ▶ ____________________

3. 玛丽的汉语怎么样?
   Mǎlì de Hànyǔ zěnmeyàng?

   ▶ ____________________

정리하기

1 의문대사 谁

의문대사 '谁'는 '누구'라는 뜻으로 사람을 물어볼 때 사용합니다. 사람이 들어갈 자리에 위치하며 대답할 때는 '谁' 자리에 사람을 넣어 대답합니다.

A 他是谁?
Tā shì shéi?

B 他是我们公司的经理。
Tā shì wǒmen gōngsī de jīnglǐ.

A 明天谁来我们公司?
Míngtiān shéi lái wǒmen gōngsī?

B 明天陈先生来我们公司。
Míngtiān Chén xiānsheng lái wǒmen gōngsī.

2 의문대사 哪

의문대사 '哪'는 '어느', '어떤'이라는 뜻으로 사람이나 사물을 물어볼 때 사용합니다. 어느 나라 사람인지 묻고 싶을 때는 '哪国人?'으로 물어봅니다.

A 他是哪国人?
Tā shì nǎ guó rén?

B 他是中国人。
Tā shì Zhōngguórén.

A 您找哪位?
Nín zhǎo nǎ wèi?

B 我找金先生。
Wǒ zhǎo Jīn xiānsheng.

找 zhǎo 동 찾다

Quiz 이번 과에서 배운 내용을 바탕으로 중국어로 바꾸어 써 보세요.

1. ① A 그는 누구신가요? ▶ ____________
   B 그는 우리 회사의 사장님입니다. ▶ ____________
   ② A 내일 누가 우리 회사에 오나요? ▶ ____________
   B 내일 미스터 천이 우리 회사에 옵니다. ▶ ____________

2. ① A 그는 어느 나라 사람인가요? ▶ ____________
   B 그는 중국인입니다. ▶ ____________
   ② A 어떤 분을 찾으세요? ▶ ____________
   B 저는 미스터 김을 찾습니다. ▶ ____________

3 부사 真

부사 '真'은 주관적 정도를 나타냅니다. '真 + 형용사' 형식의 문장에 느낌표를 함께 쓰면 감탄문이 됩니다.

他的汉语真好。
Tā de Hànyǔ zhēn hǎo.

你的衣服真漂亮。
Nǐ de yīfu zhēn piàoliang.

她的哥哥真帅!
Tā de gēge zhēn shuài!

真有意思。
Zhēn yǒu yìsi.

有意思 yǒu yìsi 재미있다

4 연동문

한 문장에서 동사가 두 개 이상 연속으로 사용된 문장을 연동문이라 합니다. 동사는 시간 순서에 따라 나열합니다.

我来中国学习汉语。
Wǒ lái Zhōngguó xuéxí Hànyǔ.

您来中国工作吗?
Nín lái Zhōngguó gōngzuò ma?

我去吃饭。
Wǒ qù chī fàn.

我去学校学习。
Wǒ qù xuéxiào xuéxí.

饭 fàn 명 밥

3. ① 그의 중국어 실력은 정말 좋다. ▶ ______
② 당신의 옷은 정말 예쁘다. ▶ ______
③ 그녀의 오빠는 정말 멋져! ▶ ______
④ 정말 재미있다. ▶ ______

4. ① 저는 중국에 중국어를 공부하러 왔습니다. ▶ ______
② 당신은 중국에 일하러 왔습니까? ▶ ______
③ 저는 밥을 먹으러 갑니다. ▶ ______
④ 저는 학교에 공부하러 갑니다. ▶ ______

종합 연습

1 녹음을 듣고 사진과 일치하면 V, 틀리면 X를 표시하세요.

05-13

(1)

(   )

(2)

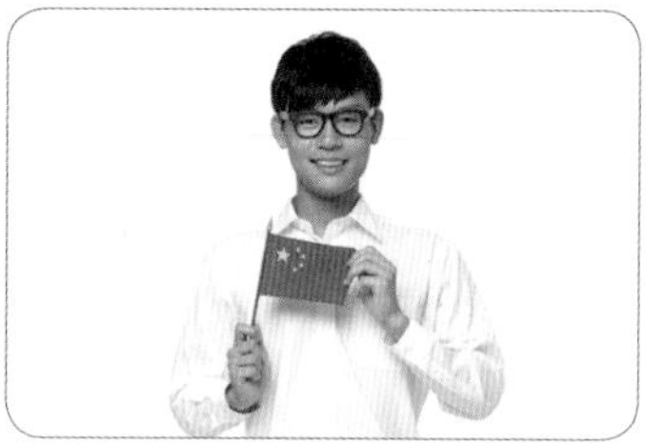

(   )

2 녹음을 듣고 질문에 알맞은 답을 고르세요.

05-14

(1) A 韩国人　B 美国人　C 日本人

(2) A 王秘书　B 玛丽小姐　C 李经理

3 주어진 단어를 사용하여 빈칸을 채우세요.

보기　不是　真　哪国人

A가 B에게 리 사장과 왕 비서의 국적을 묻는다.

A 李经理是__________?

B 他是韩国人。

A 王秘书也是韩国人吗?

B __________，她是美国人。

A 她的汉语__________好。

4 주어진 단어를 알맞은 순서로 배열하여 문장을 완성하세요.

(1) 谁　是　那　位　？

▶ ________________

(2) 韩国人　也　王秘书　吗　是　？

▶ ________________

(3) 来　汉语　中国　学习　她　。

▶ ________________

5 괄호 안의 단어를 넣어 연습한 후, 자유롭게 교체하여 대화해 보세요.

(1) A 那位是谁?

B 那是＿＿＿＿，＿＿＿＿是＿＿＿＿。

(李先生/他/我们公司的经理)

(2) A ＿＿＿＿是哪国人？(他)

B ＿＿＿＿是＿＿＿＿人。(他/中国)

(3) A ＿＿＿＿也是＿＿＿＿人吗？(王秘书/韩国)

B 不是，＿＿＿＿是＿＿＿＿人。(她/美国)

6 제시된 표현을 활용하여 다음 주제와 상황에 맞게 말해 보세요.

주제 친구 소개하기

상황 친구와 새로운 모임에 참석했습니다. 자신과 친구를 소개해 보세요.

표현 我姓……，叫……　在……工作/学习　……人

Unit 06

Duìbuqǐ!

对不起！

죄송합니다!

죄송합니다.
제가
늦었습니다.
괜찮습니다.
들어오세요.

학습 목표 □ 사과 표현을 할 수 있다.

학습 내용 □ 사과 표현과 응답 □ 결과보어 晚 □ 어기조사 了 □ 감탄사 喂 □ 삽입어 请问 □ 동사 在

준비하기

STEP 1 이번 과의 주제와 관련된 단어를 따라 읽어 보세요. 06-01

duìbuqǐ
对不起
미안합니다, 죄송합니다

bù hǎoyìsi
不好意思
실례합니다, 미안합니다

méi guānxi
没关系
괜찮습니다

STEP 2 이번 과의 핵심 문장을 발음과 억양에 유의하여 따라 읽어 보세요. 06-02

1 Duìbuqǐ, wǒ láiwǎn le. ☑ ☐ ☐
对不起，我来晚了。

2 Qǐngwèn, shì CTI gōngsī ma? ☑ ☐ ☐
请问，是CTI公司吗?

3 Lǐ jīnglǐ zài ma? ☑ ☐ ☐
李经理在吗?

회화 ①

사과하기

따라 읽기 1 / 2 / 3 06-03

Nǐ hǎo, Lǐ xiānsheng! Hǎojiǔ bú jiàn!
A 你好，李先生！好久不见！

Hǎojiǔ bú jiàn, Wáng xiānsheng.
B 好久不见，王先生。

Duìbuqǐ, wǒ láiwǎn le.
A 对不起，我来晚了。

Méi guānxi. Qǐng jìn.
B 没关系。请进。

Xièxie!
A 谢谢！

Quiz
A는 왜 B에게 사과했나요?
□ 약속에 늦어서
□ 오랜만에 만나서

06-04

New Words
- **对不起** duìbuqǐ 동 미안하다
- **晚** wǎn 형 늦다
- **了** le 조 문장 끝에 쓰여 변화 · 발생을 나타냄
- **没关系** méi guānxi 괜찮다, 문제없다

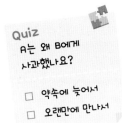

회화 ① 연습

STEP 1 알맞은 대답을 골라 대화를 연습해 보세요.

1 对不起。

□ 不关系。

□ 没关系。

2 我来晚了。

□ 对不起。

□ 没关系。

STEP 2 제시된 단어로 바꾸어 연습해 보세요.

1 A 对不起。 06-05

B 没关系。

没事	不要紧	没什么

没事 méi shì 상관없다, 괜찮다 | 不要紧 búyàojǐn 형 괜찮다, 문제없다 | 没什么 méi shénme 별것 아니다, 괜찮다

2 我来晚了。 06-06

他 / 去银行	我们 / 见面	李经理 / 去中国

见面 jiànmiàn 동 만나다

회화 ②

확인하기

따라 읽기 1 / 2 / 3 06-07

Wèi, nǐ hǎo!
A 喂，你好！

Nǐ hǎo!
B 你好！

Qǐngwèn, shì CTI gōngsī ma?
A 请问，是CTI公司吗？

Shì.
B 是。

Lǐ jīnglǐ zài ma?
A 李经理在吗？

Duìbuqǐ, tā bú zài.
B 对不起，他不在。

Xièxie, zàijiàn!
A 谢谢，再见！

Quiz
리 사장은 어디에 있나요?
□ 회사
□ 모른다

06-08

New Words
• 喂 wèi 감 여보세요 • 请问 qǐngwèn 동 실례합니다 • 是 shì 동 그렇습니다, 예 • 在 zài 동 ~에 있다, 존재하다

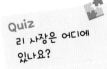

회화 ② 연습

STEP 1 알맞은 대답을 골라 대화를 연습해 보세요.

1 请问，是CTI公司吗?

☐ CIT公司。

☐ 是。

2 李经理在吗?

☐ 他不是。

☐ 他不在。

STEP 2 제시된 단어로 바꾸어 연습해 보세요.

1 请问，是<u>CTI公司</u>吗? 06-09

李经理　　北京饭店　　王先生家

北京 Běijīng 고유 베이징 | 饭店 fàndiàn 명 호텔

2 <u>李经理</u>在吗? 06-10

王女士　　李先生　　玛丽小姐

단문

약속 제안하기

따라 읽기 1 / 2 / 3 06-11

Wáng xiānsheng, duìbuqǐ, nǐ jīntiān lái gōngsī, wǒ bú zài.
王先生，对不起，你今天来公司，我不在。

Míngtiān nǐ máng ma? Míngtiān xiàwǔ wǒ zài gōngsī, huānyíng nǐ lái.
明天你忙吗？明天下午我在公司，欢迎你来。

Míngtiān jiàn.
明天见。

Speaking Training

1. 빈칸을 자유롭게 채워 말해 보세요.

_______，对不起，你今天来_______，我不在。

_______你忙吗？_______下午我在_______，欢迎你来。

_______见。

2. 알고 있는 사과 표현을 말해 보세요.

06-12

New Words
- 今天 jīntiān 명 오늘
- 下午 xiàwǔ 명 오후

단문 연습

STEP 1 다음 문장과 본문 내용이 일치하면 V, 틀리면 X를 표시하고, 바르게 고쳐 말해 보세요.

1 明天下午她不在公司。 ☐
Míngtiān xiàwǔ tā bú zài gōngsī.

▶ ____________________

2 他们后天见。 ☐
Tāmen hòutiān jiàn.

▶ ____________________

3 他们今天没有见。 ☐
Tāmen jīntiān méiyǒu jiàn.

▶ ____________________

STEP 2 다음 질문에 답해 보세요.

1 王先生今天去哪儿了?
Wáng xiānsheng jīntiān qù nǎr le?

▶ ____________________

2 他们可能什么时候见?
Tāmen kěnéng shénme shíhou jiàn?

▶ ____________________

3 今天谁来她的公司了?
Jīntiān shéi lái tā de gōngsī le?

▶ ____________________

정리하기

1 사과 표현과 응답

상황에 따라 다른 사과 표현을 할 수 있습니다. '对不起'는 큰 실수나 잘못을 했을 때 쓰고, '不好意思'는 '실례합니다'의 뜻으로, '对不起'보다는 조금 가벼운 어감을 나타내며, '抱歉'은 공식적인 자리에서 주로 사용합니다. 위와 같은 사과 표현에 대해 다음과 같이 다양한 표현으로 대답할 수 있습니다.

没关系。
Méi guānxì.

没事。
Méi shì.

不要紧。
Búyàojǐn.

没什么。
Méi shénme.

2 결과보어 晚

결과보어는 동사 뒤에 쓰여서 동작의 결과 내용을 보충합니다. '晚'이 동사 뒤에 사용되면 동작이 늦게 진행된 것을 나타내며, 반대로 '早'는 동작이 이르게 진행된 것을 의미합니다.

我来晚了。
Wǒ láiwǎn le.

我来早了。
Wǒ láizǎo le.

今天起晚了。
Jīntiān qǐwǎn le.

今天起早了。
Jīntiān qǐzǎo le.

早 zǎo 형 이르다, 빠르다 | 起 qǐ 동 일어나다

3 어기조사 了

어기조사 '了'는 문장 끝에 쓰여 동작이나 상태의 실현 · 발생 · 변화를 나타냅니다.

王经理回公司了。
Wáng jīnglǐ huí gōngsī le.

他去美国了。
Tā qù Měiguó le.

Quiz 이번 과에서 배운 내용을 바탕으로 중국어로 바꾸어 써 보세요.

1. [사과 표현에 대한 응답] ▶ ______

2. ① 제가 늦게 왔습니다. ▶ ______ ② 제가 일찍 왔습니다. ▶ ______
   ③ 오늘 늦게 일어났습니다. ▶ ______ ④ 오늘 일찍 일어났습니다. ▶ ______

3. ① 왕 사장은 회사로 돌아갔다. ▶ ______ ② 그는 미국에 갔다. ▶ ______

4 감탄사 喂

'喂'는 감탄사로 사람의 주의를 끌 때 자주 사용하며, 거리 등에서 어떤 사람을 부를 때 사용할 수도 있습니다. 전화할 때 사용하는 '여보세요'인 경우 제2성으로 발음합니다.

喂，你好！
Wèi, nǐ hǎo!

喂，你去哪儿?
Wèi, nǐ qù nǎr?

5 삽입어 请问

'请'은 '请 + 동사' 형식으로 상대방에게 어떤 행동을 해 줄 것을 부탁할 때 쓰이지만, 뒤에 '묻다'는 의미의 동사 '问'이 오면 '실례합니다', '말씀 좀 물을게요'와 같이 말하는 사람이 무언가 물어볼 것이 있음을 나타냅니다.

请问，王经理在吗?
Qǐngwèn, Wáng jīnglǐ zài ma?

请问，是王先生家吗?
Qǐngwèn, shì Wáng xiānsheng jiā ma?

请问到火车站怎么走?
Qǐngwèn dào huǒchēzhàn zěnme zǒu?

请问您贵姓?
Qǐngwèn nín guìxìng?

火车站 huǒchēzhàn 명 기차역 | **怎么** zěnme 대 어떻게 | **走** zǒu 동 가다

6 동사 在

'~에 있다'는 뜻의 동사 '在'는 누군가가 자리에 있는지 확인할 때도 사용합니다. 전화로 누군가가 자리에 있는지 묻거나 출석을 부르는 상황에 자주 사용하는 표현입니다.

A 李经理在吗?
Lǐ jīnglǐ zài ma?

B 他不在。
Tā bú zài.

4. ① 여보세요. 안녕하세요! ▶ ______

② 저기요. 당신 어디 가세요? ▶ ______

5. ① 실례합니다. 왕 사장님 계신가요? ▶ ______

② 실례합니다. 미스터 왕 댁인가요? ▶ ______

③ 말씀 좀 물을게요. 기차역까지 어떻게 가죠? ▶ ______

④ 실례지만 성씨가 어떻게 되시죠? ▶ ______

6. ① A 리 사장님 계신가요? ▶ ______

B 그는 자리에 없습니다. ▶ ______

종합 연습

1 녹음을 듣고 사진과 일치하면 V, 틀리면 X를 표시하세요.

06-13

(1)

(　　)

(2)

(　　)

2 녹음을 듣고 질문에 알맞은 답을 고르세요.

06-14

(1) A 李小姐　　B 李先生　　C 不知道

(2) A 在　　B 不在　　C 不知道

3 주어진 단어를 사용하여 빈칸을 채우세요.

보기　请问　　喂　　在

A가 CTI 회사에 전화해 리 사장를 찾는다.

A ________，你好！

B 你好！

A ________，是CTI公司吗?

B 是。

A 李经理________吗?

B 对不起，他不在。

A 谢谢，再见！

4 주어진 단어를 알맞은 순서로 배열하여 문장을 완성하세요.

(1) 了　晚　我　来　。

▶ ______________________________

(2) 在　下午　公司　我　明天　。

▶ ______________________________

(3) 是　CTI公司　请问　吗　，　？

▶ ______________________________

5 괄호 안의 단어를 넣어 연습한 후, 자유롭게 교체하여 대화해 보세요.

(1) A 对不起。

B __________。(没关系)

(2) A 请问，是__________吗？(CTI公司)

B __________。(是)

(3) A __________在吗？(李经理)

B 对不起，__________不在。(他)

6 제시된 표현을 활용하여 다음 주제와 상황에 맞게 말해 보세요.

주제 제안하기

상황 자신이 자리에 없을 때 손님이 찾아왔었습니다. 사과하고 내일로 다시 약속을 잡아 보세요.

표현 对不起　不在　欢迎你……

Unit 07

Jīntiān xīngqī jǐ?

今天星期几?

| 오늘 무슨 요일이죠?

오늘 무슨 요일이죠?
오늘은 화요일입니다.

학습 목표 □ 요일을 묻고 답할 수 있다.

학습 내용 □ 요일 표현 □ 의문대사 几 (1) □ 명사술어문 □ 이합구조 出差 □ 不 A 不 B □ 太……了

준비하기

STEP 1 이번 과의 주제와 관련된 단어를 따라 읽어 보세요. 07-01

xīngqī'èr
星期二
화요일

xīngqīwǔ
星期五
금요일

xīngqītiān
星期天
일요일

STEP 2 이번 과의 핵심 문장을 발음과 억양에 유의하여 따라 읽어 보세요. 07-02

1. Jīntiān xīngqī jǐ?
   今天星期几?

2. Jīntiān xīngqīyī.
   今天星期一。

3. Zhè zhōu de gōngzuò tài máng le.
   这周的工作太忙了。

회화 ①

요일 묻기 (1)

따라 읽기 1 / 2 / 3　07-03

Qǐngwèn, jīntiān xīngqī jǐ?
A 请问，今天星期几？

Jīntiān xīngqīyī.
B 今天星期一。

Quiz
내일은 무슨 요일인가요?
□ 월요일
□ 화요일

07-04

New Words
- 星期 xīngqī 명 요일
- 几 jǐ 수 몇
- 星期一 xīngqīyī 명 월요일

요일 묻기 (2)

따라 읽기 1 / 2 / 3　07-05

Wáng mìshū, jīntiān zhōu jǐ?
A 王秘书，今天周几？

Jīntiān zhōu'èr, Lǐ jīnglǐ.
B 今天周二，李经理。

Zhōusān wǒ chūchāi, zhōusì huí.
A 周三我出差，周四回。

Hǎo de, wǒ zhīdào le.
B 好的，我知道了。

Quiz
A는 언제 출장을 가나요?
□ 내일
□ 내일모레

07-06

New Words
- 周 zhōu 명 주
- 周二 zhōu'èr 명 화요일
- 周三 zhōusān 명 수요일
- 出差 chūchāi 동 출장 가다
- 周四 zhōusì 명 목요일
- 回 huí 동 돌아오다, 돌아가다
- 知道 zhīdào 동 알다

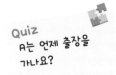

회화 ① 연습

STEP 1 알맞은 대답을 골라 대화를 연습해 보세요.

1 今天星期几?

□ 今天星期一。

□ 今天不星期一。

2 今天周二吗?

□ 今天不周二。

□ 今天不是周二。

STEP 2 제시된 단어로 바꾸어 연습해 보세요.

1 今天星期一。 07-07

二　　五　　天

星期二 xīngqī'èr 명 화요일 | **星期五** xīngqīwǔ 명 금요일 | **星期天** xīngqītiān 명 일요일

2 周三我出差，周四回。 07-08

一 / 五　　二 / 六　　四 / 日

周一 zhōuyī 명 월요일 | **周五** zhōuwǔ 명 금요일 | **周六** zhōuliù 명 토요일 | **周日** zhōurì 명 일요일

회화 ②

근황 묻기

따라 읽기 1 / 2 / 3 07-09

Wáng jīnglǐ, hǎojiǔ bú jiàn!
A 王经理，好久不见！

Nǐ hǎo, Shānkǒu xiānsheng!
B 你好，山口先生！

Gōngzuò máng ma?
A 工作忙吗？

Máng! Wǒ zhōusì qù Rìběn chūchāi.
B 忙！我周四去日本出差。

Xiànzài nàr lěng ma?
现在那儿冷吗？

Bù lěng bú rè, tiānqì hěn hǎo.
A 不冷不热，天气很好。

Tài hǎo le! Xièxie!
B 太好了！谢谢！

Quiz
지금 일본의 날씨는 어떻습니까?

☐ 안 좋다
☐ 딱 좋다

07-10

New Words
- 山口 Shānkǒu 고유 야마구치[인명]
- 现在 xiànzài 명 지금, 현재
- 那儿 nàr 명 거기, 저기
- 冷 lěng 형 춥다
- 热 rè 형 덥다
- 天气 tiānqì 명 날씨
- 太 tài 부 아주, 매우

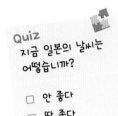

회화 ② 연습

STEP 1 알맞은 대답을 골라 대화를 연습해 보세요.

1 工作忙吗?

□ 没忙。

□ 很忙。

2 现在那儿冷吗?

□ 不冷不热，天气很好。

□ 不冷不热，天气不好。

STEP 2 제시된 단어로 바꾸어 연습해 보세요.

1 不冷不热。 07-11

多 / 少	大 / 小	咸 / 淡

多 duō 형 많다 | 少 shǎo 형 적다 | 大 dà 형 크다 | 小 xiǎo 형 작다 | 咸 xián 형 짜다 | 淡 dàn 형 담백하다

2 太好了。 07-12

晚	冷	棒

棒 bàng 형 훌륭하다, 좋다

단문

한 주 계획 말하기

따라 읽기 1 / 2 / 3 07-13

Wǒ jiào Mǎlì, wǒ shì Měiguórén, zài Zhōngguó de Rìběn gōngsī
我叫玛丽，我是美国人，在中国的日本公司

gōngzuò. Wǒ shì mìshū, zhè zhōu de gōngzuò tài máng le. Xīngqīyī wǒ
工作。我是秘书，这周的工作太忙了。星期一我

qù yínháng, xīngqī'èr wǒ qù Rìběn chūchāi, xīngqīsān jiàn Shānkǒu jīng
去银行，星期二我去日本出差，星期三见山口经

lǐ, xīngqīsì huí Zhōngguó, xīngqīwǔ zài gōngsī xuéxí Hànyǔ.
理，星期四回中国，星期五在公司学习汉语。

Speaking Training

1. 빈칸을 자유롭게 채워 말해 보세요.

   我叫_____，我是_____人，在_____工作。我是_____，这周的工作太忙了。星期一我去_____，星期二我去_____出差，星期三见_____，星期四回_____，星期五在_____学习_____。

2. 수요일과 금요일에 무엇을 하는지 말해 보세요.

07-14

New Words

- **星期二** xīngqī'èr 명 화요일
- **星期三** xīngqīsān 명 수요일
- **星期四** xīngqīsì 명 목요일
- **星期五** xīngqīwǔ 명 금요일

단문 연습

STEP 1 다음 문장과 본문 내용이 일치하면 V, 틀리면 X를 표시하고, 바르게 고쳐 말해 보세요.

1 玛丽在中国的日本公司工作。 ☐
Mǎlì zài Zhōngguó de Rìběn gōngsī gōngzuò.

▶ _____

2 玛丽是银行职员。 ☐
Mǎlì shì yínháng zhíyuán.

▶ _____

3 玛丽星期五在家学习汉语。 ☐
Mǎlì xīngqīwǔ zài jiā xuéxí Hànyǔ.

▶ _____

STEP 2 다음 질문에 답해 보세요.

1 玛丽是哪国人?
Mǎlì shì nǎ guó rén?

▶ _____

2 玛丽星期几出差?
Mǎlì xīngqī jǐ chūchāi?

▶ _____

3 玛丽星期几见山口经理?
Mǎlì xīngqī jǐ jiàn Shānkǒu jīnglǐ?

▶ _____

정리하기

1 요일 표현

요일은 '星期' 뒤에 '一'에서 '六'까지의 숫자와 '天' 또는 '日'를 더해 표현합니다. '星期' 대신 '周'를 사용할 수 있습니다.

월요일	화요일	수요일	목요일	금요일	토요일	일요일
星期一 xīngqīyī	星期二 xīngqī'èr	星期三 xīngqīsān	星期四 xīngqīsì	星期五 xīngqīwǔ	星期六 xīngqīliù	星期天 / 日 xīngqītiān/rì
周一 zhōuyī	周二 zhōu'èr	周三 zhōusān	周四 zhōusì	周五 zhōuwǔ	周六 zhōuliù	周日 zhōurì

2 의문대사 几 (1)

'几'는 보통 10 이하의 수를 물을 때 사용하는 의문대사로, '星期' 또는 '周' 뒤 숫자 자리에 두어 요일을 물을 수 있습니다.

今天星期几?
Jīntiān xīngqī jǐ?

今天周几?
Jīntiān zhōu jǐ?

3 명사술어문

명사 또는 명사구가 술어인 문장을 명사술어문이라고 합니다. 시간사, 수량사, 의문대사는 모두 명사에 속합니다. 부정할 때는 '不是'를 사용합니다.

今天星期五。
Jīntiān xīngqīwǔ.

今天不是星期五。
Jīntiān bú shì xīngqīwǔ.

Quiz 이번 과에서 배운 내용을 바탕으로 중국어로 바꾸어 써 보세요.

1. ① 수요일 ▸ ______ ② 일요일 ▸ ______

2. ① [星期 사용] 오늘 무슨 요일이죠? ▸ ______ ② [周 사용] 오늘 무슨 요일이죠? ▸ ______

3. ① 오늘은 금요일입니다. ▸ ______ ② 오늘은 금요일이 아닙니다. ▸ ______

4 이합구조 出差

'동사 + 명사'로 구성되어 이미 내부에 목적어를 가진 구조를 이합구조라고 합니다. 이미 목적어를 가지고 있으므로 뒤에 목적어가 오지 않습니다. 대표적인 이합구조로는 '出差', '见面', '帮忙', '毕业' 등이 있습니다.

他去上海出差。
Tā qù Shànghǎi chūchāi.

我跟朋友见面。
Wǒ gēn péngyou jiànmiàn.

帮忙 bāngmáng 동 일을 돕다 | **毕业** bìyè 동 졸업하다

5 不 A 不 B

A와 B에 서로 반대되는 일음절 형용사를 써서 'A하지도 않고, B하지도 않다' 즉 '적당하다'는 의미를 나타냅니다.

不冷不热。
Bù lěng bú rè.

不多不少。
Bù duō bù shǎo.

不快不慢。
Bú kuài bú màn.

不大不小。
Bú dà bù xiǎo.

快 kuài 형 빠르다 | **慢** màn 형 느리다

6 太 ……了

'太……了'는 '너무 ~하다'는 뜻으로 형용사의 성질이나 상태를 강조하는 표현입니다. 부사 '很'보다 정도가 더 심함을 나타냅니다.

太棒了。
Tài bàng le.

天气太冷了。
Tiānqì tài lěng le.

4. ① 그는 상하이로 출장을 갑니다. ▶ ____________ ② 나는 친구와 만납니다. ▶ ____________

5. ① 춥지도 않고 덥지도 않다. ▶ ____________ ② 많지도 않고 적지도 않다. ▶ ____________

③ 빠르지도 않고 느리지도 않다. ▶ ____________ ④ 크지도 않고 작지도 않다. ▶ ____________

6. ① 정말 대단하다. ▶ ____________ ② 날씨가 정말 춥습니다. ▶ ____________

종합 연습

1 녹음을 듣고 사진과 일치하면 V, 틀리면 X를 표시하세요. 07-15

(1) 

( )

(2) 

( )

2 녹음을 듣고 질문에 알맞은 답을 고르세요. 07-16

(1) **A** 星期一 **B** 星期二 **C** 星期天

(2) **A** 星期一 **B** 星期三 **C** 星期五

3 주어진 단어를 사용하여 빈칸을 채우세요.

보기 太 那儿 了 热

왕 사장이 미스터 야마구치에게 일본 날씨를 묻는다.

A 王经理，好久不见！

B 你好，山口先生！

A 工作忙吗?

B 忙！我周四去日本出差。
现在__________冷吗?

A 不冷不__________，天气很好。

B __________好__________！谢谢！

4 주어진 단어를 알맞은 순서로 배열하여 문장을 완성하세요.

(1) 几　今天　星期　?

▶ ____________________

(2) 周　去　日本　四　我　出差　。

▶ ____________________

(3) 冷　吗　那儿　现在　?

▶ ____________________

5 괄호 안의 단어를 넣어 연습한 후, 자유롭게 교체하여 대화해 보세요.

(1) A 今天星期几?
B 今天星期________。(一)

(2) A 今天周几?
B 今天周________。(二)

(3) A ________忙吗?(工作)
B ________。(忙)

(4) 不________不________。(冷/热)

6 제시된 표현을 활용하여 다음 주제와 상황에 맞게 말해 보세요.

주제 일주일 계획 말하기

상황 당신은 이번 주 월요일부터 금요일까지 매우 바쁩니다. 자신의 계획을 요일별로 말해 보세요.

표현 星期……　周……

* Unit *

08

Xiànzài jǐ diǎn?

现在几点?

| 지금 몇 시인가요?

학습 목표 □ 시간을 묻고 답할 수 있다.

학습 내용 □ 숫자 읽기 □ 시간 표현 □ 조동사 可以 □ 어기조사 吧

준비하기

STEP 1 이번 과의 주제와 관련된 단어를 따라 읽어 보세요. 08-01

jiǔ diǎn
九点
9시

liù diǎn bàn
六点半
6시 반

shíyī diǎn wǔshí fēn
十一点五十分
11시 50분

STEP 2 이번 과의 핵심 문장을 발음과 억양에 유의하여 따라 읽어 보세요. 08-02

1 Xiànzài jǐ diǎn? ☑ ☐ ☐
现在几点?

2 Xiànzài shí diǎn. ☑ ☐ ☐
现在十点。

3 Jiǔ diǎn wǒ qù yínháng, shí diǎn ba. ☑ ☐ ☐
九点我去银行，十点吧。

회화 ①

시간 확인하기

따라 읽기 1 / 2 / 3 08-03

Wáng mìshū, jǐ diǎn jiàn Lǐ jīnglǐ?
A 王秘书，几点见李经理？

Shàngwǔ jiǔ diǎn, kěyǐ ma?
B 上午九点，可以吗？

Jiǔ diǎn wǒ qù yínháng, shí diǎn ba.
A 九点我去银行，十点吧。

Hǎo de.
B 好的。

Wǒ míngtiān jǐ diǎn de fēijī?
A 我明天几点的飞机？

Zǎoshang qī diǎn.
B 早上七点。

Hǎo, wǒ zhīdào le.
A 好，我知道了。

Quiz
A는 리 사장과 몇 시에 만나나요?

□ 9시
□ 10시

08-04

New Words
• **点** diǎn 명 시, 시간 • **上午** shàngwǔ 명 오전 • **九** jiǔ 수 9, 아홉 • **可以** kěyǐ 조동 ~해도 좋다[허락, 허가] • **十** shí 수 10, 열 • **吧** ba 조 문장 끝에 놓여 청유나 제의를 나타냄 • **飞机** fēijī 명 비행기 • **七** qī 수 7, 일곱

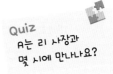

회화 ① 연습

STEP 1 알맞은 대답을 골라 대화를 연습해 보세요.

1 几点见李经理?

☐ 明天。

☐ 上午九点。

2 上午九点，可以吗?

☐ 九点我去银行，十点吧。

☐ 可以，十点吧。

STEP 2 제시된 단어로 바꾸어 연습해 보세요.

1 上午九点，可以吗? 08-05

下午 / 七　　早上 / 八　　中午 / 十二

中午 zhōngwǔ 명 정오

2 九点我去银行，十点吧。 08-06

三点 / 上课 / 五点　　今天 / 公司 / 明天　　这个月 / 中国 / 下个月

上课 shàngkè 동 수업하다 | 这个月 zhège yuè 이번 달 | 下个月 xià ge yuè 다음 달

회화 ②

시간 묻기

따라 읽기 1 / 2 / 3 08-07

Lǐ jīnglǐ, nín máng ma?
A 李经理，您忙吗？
Wáng jīnglǐ shíyī diǎn lái jiàn nín.
王经理十一点来见您。

Xiànzài jǐ diǎn?
B 现在几点？

Xiànzài shí diǎn.
A 现在十点。

Bù xíng, wǒ shí diǎn bàn kāihuì.
B 不行，我十点半开会。

Xiàwǔ liǎng diǎn ne?
A 下午两点呢？

Liǎng diǎn bàn ba.
B 两点半吧。

Hǎo de, wǒ zhīdào le.
A 好的，我知道了。

Quiz
리 사장과 왕 사장은 언제 만나나요?
□ 11시
□ 2시 반

08-08

New Words
• 十一 shíyī 수 11, 십일 • 行 xíng 동 좋다, ~해도 좋다 • 开会 kāihuì 동 회의를 하다 • 两 liǎng 수 2, 둘 • 半 bàn 수 2분의 1, 반, 절반

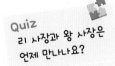

회화 ② 연습

STEP 1 알맞은 대답을 골라 대화를 연습해 보세요.

1 现在几点?

- □ 四月一号。
- □ 十点半。

STEP 2 제시된 단어로 바꾸어 연습해 보세요.

1 王经理十一点来见您。 08-09

金老师 / 十点半　　他 / 两点半　　玛丽 / 九点

2 我十点半开会。 08-10

三点 / 上课　　五点半 / 下班　　八点 / 回家

下班 xiàbān 동 퇴근하다 | **回家** huí jiā 집으로 돌아가다(오다)

3 下午两点呢? 08-11

凌晨 / 一点　　中午 / 十二点　　晚上 / 八点

凌晨 língchén 명 새벽

단문

하루 일과 말하기

따라 읽기 1 / 2 / 3 08-12

Wǒ jīntiān zhēn máng! Wǒ zǎoshang sì diǎn de fēijī qù Rìběn, jiǔ
我今天真忙！ 我早上四点的飞机去日本，九

diǎn bàn jiàn Shānkǒu jīnglǐ, shí diǎn kāihuì, xiàwǔ yī diǎn de fēijī
点半见山口经理，十点开会，下午一点的飞机

huí Zhōngguó, wǔ diǎn qù yínháng jiàn Lǐ jīnglǐ, liù diǎn huí gōngsī.
回中国，五点去银行见李经理，六点回公司。

Speaking Training

1. 빈칸을 자유롭게 채워 말해 보세요.

我今天真忙！我早上____点的飞机去____，____点____见____，____点____，下午____点的飞机回____，____点去____见____，____点回____。

2. 오늘 하루 무엇을 했는지 말해 보세요.

08-13

New Words
- 四 sì 수 4, 넷
- 一 yī 수 1, 하나
- 五 wǔ 수 5, 다섯
- 六 liù 수 6, 여섯

단문 연습

STEP 1 다음 문장과 본문 내용이 일치하면 V, 틀리면 X를 표시하고, 바르게 고쳐 말해 보세요.

1 她今天不忙。 ☐
Tā jīntiān bù máng.

▶ ____________________

2 她去日本见山口经理。 ☐
Tā qù Rìběn jiàn Shānkǒu jīnglǐ.

▶ ____________________

3 她明天回中国。 ☐
Tā míngtiān huí Zhōngguó.

▶ ____________________

STEP 2 다음 질문에 답해 보세요.

1 她今天坐飞机去哪儿?
Tā jīntiān zuò fēijī qù nǎr?

▶ ____________________

2 她几点见李经理?
Tā jǐ diǎn jiàn Lǐ jīnglǐ?

▶ ____________________

3 她几点回公司?
Tā jǐ diǎn huí gōngsī?

▶ ____________________

정리하기

1 숫자 읽기

숫자 0 부터 10까지는 다음과 같습니다.

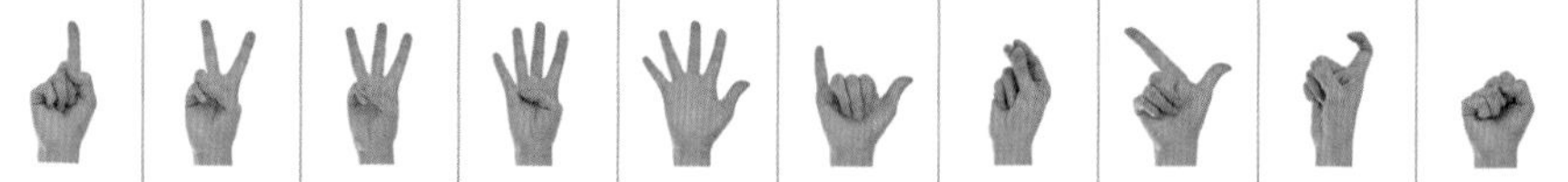

0	1	2	3	4	5	6	7	8	9	10
零 líng	一 yī	二 èr	三 sān	四 sì	五 wǔ	六 liù	七 qī	八 bā	九 jiǔ	十 shí

두 자리 숫자는 다음과 같이 읽습니다.

11	12	13	20	30	40	98	99
十一 shíyī	十二 shíèr	十三 shísān	二十 èrshí	三十 sānshí	四十 sìshí	九十八 jiǔshíbā	九十九 jiǔshíjiǔ

2 시간 표현

'시'는 '点', '분'은 '分'으로 나타냅니다. '分'은 생략할 수도 있습니다.

三点
sān diǎn

七点十五(分)
qī diǎn shíwǔ (fēn)

十点四十五(分)
shí diǎn sìshíwǔ (fēn)

Quiz 이번 과에서 배운 내용을 바탕으로 중국어로 바꾸어 써 보세요.

1. ① 0 ▶ ______ ② 10 ▶ ______
③ 23 ▶ ______ ④ 47 ▶ ______
⑤ 59 ▶ ______ ⑥ 92 ▶ ______

2. [点/分 사용] ① 3시 ▶ ______ ② 7시 15분 ▶ ______ ③ 10시 45분 ▶ ______

시간 표현에서 '一刻'는 15분을 의미합니다. 따라서 45분은 '三刻'로 나타낼 수 있습니다. 30분은 '刻'를 사용하지 않고 '半'을 사용합니다.

三点一刻
sān diǎn yí kè

十点半
shí diǎn bàn

两点三刻
liǎng diǎn sān kè

3 조동사 可以

'可以'는 '~을 해도 된다'라는 의미로 허락이나 허가를 나타냅니다. 문장 끝에 '吗'를 붙이면 '~해도 될까요?'라는 표현이 되어 상대방의 의중을 물어볼 때 자주 사용합니다.

星期六下午八点，可以吗?
Xīngqīliù xiàwǔ bā diǎn, kěyǐ ma?

您可以去。
Nín kěyǐ qù.

4 어기조사 吧

'吧'는 명령문에 첨가되어 부드러운 건의 · 제안의 어조를 나타냅니다.

吃饭吧。
Chī fàn ba.

您来中国吧。
Nín lái Zhōngguó ba.

[点/刻 사용] ① 3시 15분 ▶ ________ ② 10시 반 ▶ ________ ③ 2시 45분 ▶ ________

3. ① 토요일 오후 8시 괜찮으세요? ▶ ________ ② 당신은 가도 좋습니다. ▶ ________

4. ① 식사하시죠. ▶ ________ ② 당신이 중국으로 오세요. ▶ ________

종합 연습

1 녹음을 듣고 사진과 일치하면 V, 틀리면 X를 표시하세요. 08-14

(1)

(　　)

(2)

(　　)

2 녹음을 듣고 질문에 알맞은 답을 고르세요. 08-15

(1) A 晚上七点　　B 早上七点　　C 早上十点

(2) A 星期一　　B 星期三　　C 星期天

3 주어진 단어를 사용하여 빈칸을 채우세요.

보기　来　　不行　　吧　　几

비서가 리 사장의 일정을 확인한다.

A 李经理，您忙吗？
王经理十一点__________见您。

B 现在__________点？

A 现在十点。

B __________，我十点半开会。

A 下午两点呢？

B 两点半__________。

A 好的，我知道了。

4 주어진 단어를 알맞은 순서로 배열하여 문장을 완성하세요.

(1) 去　四点　我　早上　的　日本　飞机。

▶ ______________________________

(2) 来　十一　王经理　点　您　见　。

▶ ______________________________

(3) 忙　真　我　今天　！

▶ ______________________________

5 괄호 안의 단어를 넣어 연습한 후, 자유롭게 교체하여 대화해 보세요.

(1) A 现在几点?

B 现在________点。(十)

(2) A ________，可以吗?(上午九点)

B ________我去________，________吧。(九点/银行/十点)

(3) A ________呢?(下午两点)

B ________吧。(两点半)

6 제시된 표현을 활용하여 다음 주제와 상황에 맞게 말해 보세요.

주제 출장 계획 말하기

상황 당신은 리 사장의 비서입니다. 리 사장에게 출장 스케줄을 말해 주세요.

목	금	토	일
6:25 坐飞机去日本	10:00 开会	不工作	9:30 见玛丽
14:00 见山口经理	15:00 去银行		16:38 坐飞机回北京

* Unit *

09

Jǐ diǎn qǐchuáng?

几点起床?

| 몇 시에 일어나세요?

학습 목표 □ 구체적인 시간을 묻고 답할 수 있다.

학습 내용 □ 의문대사 几 (2) □ 시간 표현의 위치와 순서 □ 형용사 + (一)点儿 □ 하루 일과 표현

준비하기

STEP 1 이번 과의 주제와 관련된 단어를 따라 읽어 보세요. 09-01

qǐchuáng
起床
일어나다, 기상하다

shàngkè
上课
수업하다

xiàbān
下班
퇴근하다

STEP 2 이번 과의 핵심 문장을 발음과 억양에 유의하여 따라 읽어 보세요. 09-02

1 Nǐ jǐ diǎn qǐchuáng? ☑ ☐ ☐
你几点起床?

2 Zǎo diǎnr xiūxi. ☑ ☐ ☐
早点儿休息。

3 Míngtiān wǒ bā diǎn bàn lái gōngsī. ☑ ☐ ☐
明天我八点半来公司。

회화 ①

기상·취침 시간 묻기

따라 읽기 1 / 2 / 3 09-03

Nǐ jǐ diǎn qǐchuáng?
A 你几点起床?

Wǒ liù diǎn bàn qǐchuáng, nǐ ne?
B 我六点半起床，你呢?

Wǒ qī diǎn qǐchuáng. Nǐ jǐ diǎn shuìjiào?
A 我七点起床。你几点睡觉?

Wǒ shíyī diǎn shuìjiào.
B 我十一点睡觉。

Quiz
B는 보통 몇 시간 자나요?
□ 7시간 30분
□ 9시간

09-04

New Words
- 起床 qǐchuáng 동 일어나다
- 睡觉 shuìjiào 동 자다

출퇴근 시간 묻기

따라 읽기 1 / 2 / 3 09-05

Lǐ jīnglǐ, nín zhōuyī jǐ diǎn shàngbān?
A 李经理，您周一几点上班?

Zhōuyī shàngwǔ wǒ qù yínháng, xiàwǔ liǎng diǎn lái gōngsī, wǔ diǎn bàn xiàbān.
B 周一上午我去银行，下午两点来公司，五点半下班。

Wǒ xiàwǔ sān diǎn bàn lái gōngsī jiàn nín, kěyǐ ma?
A 我下午三点半来公司见您，可以吗?

Hǎo, zhōuyī jiàn!
B 好，周一见!

Quiz
A와 B는 언제 만나나요?
□ 월요일 2시
□ 월요일 3시 반

09-06

New Words
- 上班 shàngbān 동 출근하다
- 下班 xiàbān 동 퇴근하다

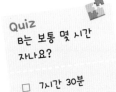

회화 ① 연습

STEP 1 알맞은 대답을 골라 대화를 연습해 보세요.

1 你几点睡觉?

- □ 我睡觉十一点。
- □ 我十一点睡觉。

2 您周一几点上班?

- □ 八点上午周一上班。
- □ 周一上午八点上班。

STEP 2 제시된 단어로 바꾸어 연습해 보세요.

1 你几点<u>起床</u>? 09-07

睡觉　　上班　　吃饭

2 我<u>六点半起床</u>。 09-08

十二点 / 睡觉　　八点半 / 上班　　九点 / 吃饭

회화 ②

퇴근 준비하기

따라 읽기 1 / 2 / 3 09-09

Wáng mìshū, xiànzài jǐ diǎn?
A 王秘书，现在几点？

Jiǔ diǎn bàn, Lǐ jīnglǐ.
B 九点半，李经理。

Jiǔ diǎn bàn? Jīntiān zhēn máng.
A 九点半？今天真忙。
Nǐ xiàbān ba, míngtiān wǎn diǎnr lái shàngbān.
你下班吧，明天晚点儿来上班。

Méi guānxi, jīnglǐ. Míngtiān wǒ bā diǎn bàn lái gōngsī.
B 没关系，经理。明天我八点半来公司。

Hǎo ba, zǎo diǎnr xiūxi, míngtiān jiàn.
A 好吧，早点儿休息，明天见。

Nín yě zǎo diǎnr xiūxi. Zàijiàn, jīnglǐ.
B 您也早点儿休息。再见，经理。

Quiz
왕 비서는 내일 몇 시에 출근하나요?

☐ 8시
☐ 8시 반

09-10

New Words
• (一)点(儿) (yi)diǎn(r) 조금 • 早 zǎo 형 일찍 • 休息 xiūxi 동 쉬다

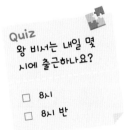

회화 ② 연습

STEP 1 알맞은 대답을 골라 대화를 연습해 보세요.

1 现在几点?

□ 九半点。

□ 九点半。

2 早点儿休息。

□ 您也早点儿休息。

□ 您也休息早点儿。

STEP 2 제시된 단어로 바꾸어 연습해 보세요.

1 明天我<u>八点半</u>来<u>公司</u>。 09-11

四点 / 火车站　　七点半 / 商店　　一点 / 教室

商店 shāngdiàn 명 상점 | **教室** jiàoshì 명 교실

2 早点儿<u>休息</u>。 09-12

出发　　回家　　走

出发 chūfā 동 출발하다 | **走** zǒu 동 가다

단문

하루 일과 시간별로 말하기

따라 읽기 1 / 2 / 3 09-13

Wǒ jiào Mǎlì, wǒ shì Měiguórén, zài Zhōngguó de Rìběn gōngsī gōngzuò. Wǒmen gōngzuò hěn máng. Wǒ zǎoshang liù diǎn qǐchuáng, qī diǎn qù gōngsī, bā diǎn bàn shàngbān, liù diǎn bàn xiàbān, shí'èr diǎn shuìjiào. Nǐmen ne? Gōngzuò máng ma?

我叫玛丽，我是美国人，在中国的日本公司工作。我们工作很忙。我早上六点起床，七点去公司，八点半上班，六点半下班，十二点睡觉。你们呢？工作忙吗？

Speaking Training

1. 빈칸을 자유롭게 채워 말해 보세요.

我叫_____，我是_____人，在_____工作。我们工作很忙。我早上_____点起床，_____点去公司，_____点上班，_____点下班，_____点睡觉。你们呢？工作忙吗？

2. 기상·취침 시간은 몇 시인지 말해 보세요.

단문 연습

STEP 1 다음 문장과 본문 내용이 일치하면 V, 틀리면 X를 표시하고, 바르게 고쳐 말해 보세요.

1 玛丽在日本的中国公司工作。 ☐
Mǎlì zài Rìběn de Zhōngguó gōngsī gōngzuò.

▶ ____________________

2 玛丽八点上班，六点下班。 ☐
Mǎlì bā diǎn shàngbān, liù diǎn xiàbān.

▶ ____________________

3 玛丽工作很忙。 ☐
Mǎlì gōngzuò hěn máng.

▶ ____________________

STEP 2 다음 질문에 답해 보세요.

1 玛丽几点起床，几点睡觉?
Mǎlì jǐ diǎn qǐchuáng, jǐ diǎn shuìjiào?

▶ ____________________

2 玛丽是哪国人?
Mǎlì shì nǎ guó rén?

▶ ____________________

3 玛丽睡几个小时?
Mǎlì shuì jǐ ge xiǎoshí?

▶ ____________________

정리하기

1 의문대사 几 (2)

8과에서도 배웠듯이 시각을 물어볼 때도 의문대사 '几'를 사용합니다. '시'라는 뜻의 '点'을 사용하여 '几点?'이라고 묻습니다. '几点 + 동사?' 형식으로 몇 시에 어떤 동작을 하는지 묻거나, '~까지'라는 뜻의 개사 '到'를 사용하여 시간의 범위를 물을 수 있습니다.

A 你几点下班?
Nǐ jǐ diǎn xiàbān?

B 我六点下班。
Wǒ liù diǎn xiàbān.

A 营业时间是几点到几点?
Yíngyè shíjiān shì jǐ diǎn dào jǐ diǎn?

B 早上十点到晚上九点。
Zǎoshang shí diǎn dào wǎnshang jiǔ diǎn.

营业 yíngyè 명동 영업(하다) | 到 dào 개 ~까지, ~로

2 시간 표현의 위치와 순서

중국어의 시간 표현은 한국어처럼 동사 앞에 위치합니다. 구체적으로 표현할 때는 '년-월-일-요일-때-시각'의 순서로 큰 단위부터 작은 단위 순서로 말합니다.

下午两点来公司。
Xiàwǔ liǎng diǎn lái gōngsī.

周一上午我去银行。
Zhōuyī shàngwǔ wǒ qù yínháng.

Quiz 이번 과에서 배운 내용을 바탕으로 중국어로 바꾸어 써 보세요.

1. ① A 당신은 몇 시에 퇴근하세요? ▶ ____________
   B 저는 6시에 퇴근해요. ▶ ____________
   ② A 영업 시간은 몇 시에서 몇 시까지인가요? ▶ ____________
   B 아침 10시에서 저녁 9시까지입니다. ▶ ____________
2. ① 오후 두 시에 회사로 옵니다. ▶ ____________
   ② 월요일 오전에 저는 은행에 가요. ▶ ____________

3 형용사 + (一)点儿

형용사 뒤에 '조금'이라는 뜻의 '(一)点儿'을 붙여 어떤 동작을 가볍게 요청하는 표현을 나타낼 수 있습니다. 보통 이 구문에는 형용사 '早', '晚', '快', '慢' 등을 자주 사용합니다.

早点儿休息。
Zǎo diǎnr xiūxi.

晚点儿来上班。
Wǎn diǎnr lái shàngbān.

快点儿走吧。
Kuài diǎnr zǒu ba.

慢点儿吃。
Màn diǎnr chī.

4 하루 일과 표현

하루 일과를 중국어로 어떻게 표현하는지 알아봅시다.

시간		일과
上午	7:00	起床 qǐchuáng 일어나다
	7:30	洗脸 xǐliǎn 세수하다 刷牙 shuāyá 양치하다
	8:00	吃早饭 chī zǎofàn 아침을 먹다
	9:00	上班 shàngbān 출근하다 上学 shàngxué 등교하다
中午	12:00	吃午饭 chī wǔfàn 점심을 먹다
下午	13:00	午休 wǔxiū 점심 휴식을 취하다
	18:00	下班 xiàbān 퇴근하다 放学 fàngxué 하교하다
晚上	18:30	吃晚饭 chī wǎnfàn 저녁을 먹다
	20:00	看电视 kàn diànshì TV를 보다 做作业 zuò zuòyè 숙제하다
	22:00	洗澡 xǐzǎo 목욕하다
	23:00	睡觉 shuìjiào 자다

3. ① 일찍 쉬세요. ▶ ______________ ② 조금 늦게 출근하세요. ▶ ______________
③ 빨리 갑시다. ▶ ______________ ④ 천천히 드세요. ▶ ______________

4. ① 양치하다 ▶ ______________ ② 아침을 먹다 ▶ ______________
③ 하교하다 ▶ ______________ ④ TV를 보다 ▶ ______________

종합 연습

1 녹음을 듣고 사진과 일치하면 V, 틀리면 X를 표시하세요. 09-14

(1)

( )

(2)

( )

2 녹음을 듣고 질문에 알맞은 답을 고르세요. 09-15

(1) **A** 六点　　**B** 八点　　**C** 十点

(2) **A** 两点　　**B** 两点半　　**C** 三点

3 주어진 단어를 사용하여 빈칸을 채우세요.

보기　好吧　几点　休息　晚点儿

리 사장이 야근하는 왕 비서에게 시간을 묻는다.

A 王秘书，现在__________?

B 九点半，李经理。

A 九点半？今天真忙。

你下班吧，明天__________来上班。

B 没关系，经理。明天我八点半来公司。

A __________，早点儿休息，明天见。

B 您也早点儿__________。再见，经理。

4 주어진 단어를 알맞은 순서로 배열하여 문장을 완성하세요.

(1) 睡觉　几　你　点　？

▶ ____________________

(2) 晚　上班　明天　来　点儿　。

▶ ____________________

(3) 起床　我　六　早上　点　。

▶ ____________________

5 괄호 안의 단어를 넣어 연습한 후, 자유롭게 교체하여 대화해 보세요.

(1) A 你几点＿＿＿＿＿？（起床）
B 我＿＿＿点＿＿＿，你呢？（六/起床）
A 我＿＿＿点＿＿＿。（七/起床）

(2) A 早点儿＿＿＿＿＿。（休息）
B 您也早点儿＿＿＿＿＿。（休息）

(3) 我＿＿＿＿＿点上班，＿＿＿＿＿点下班。（九/六）

6 제시된 표현을 활용하여 다음 주제에 맞게 말해 보세요.

주제 하루 일과 말하기 – 자신의 하루 일과를 시간별대로 말해 보세요.

표현 早上　中午　下午　晚上

Unit 10

Jīntiān jǐ yuè jǐ hào?

今天几月几号?

| 오늘 몇 월 며칠이죠?

학습 목표 □ 날짜를 묻고 답할 수 있다.

학습 내용 □ 날짜 표현 □ 접속사 那 □ 중국의 대표 명절

준비하기

STEP 1 이번 과의 주제와 관련된 단어를 따라 읽어 보세요. 10-01

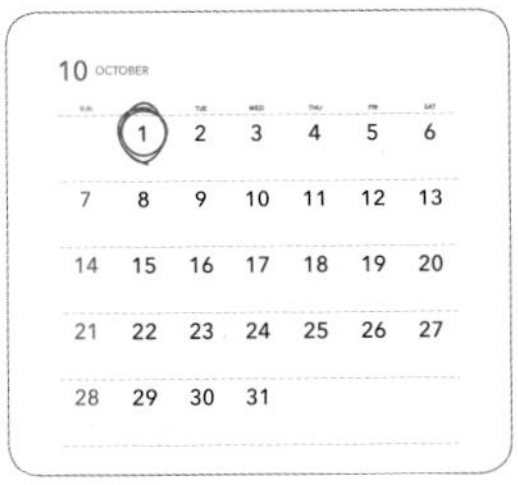

shí yuè yī hào
十月一号
10월 1일

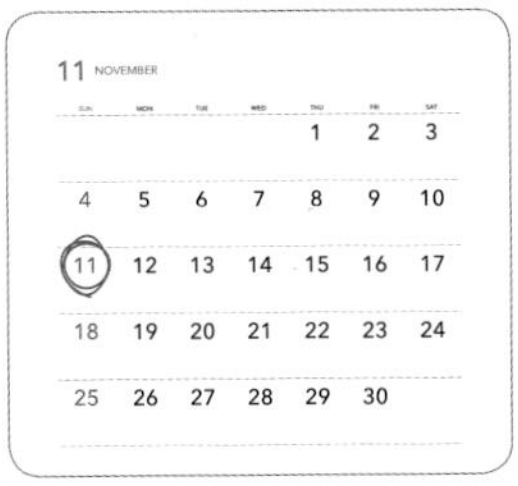

shíyī yuè
shíyī hào
十一月十一号
11월 11일

shí'èr yuè
èrshíwǔ hào
十二月二十五号
12월 25일

STEP 2 이번 과의 핵심 문장을 발음과 억양에 유의하여 따라 읽어 보세요. 10-02

1 Jīntiān jǐ yuè jǐ hào? ☑ ☐ ☐
今天几月几号?

2 Jīntiān èr yuè èr hào. ☑ ☐ ☐
今天二月二号。

3 Wǒ èrshí'èr hào qù Běijīng chūchāi. ☑ ☐ ☐
我二十二号去北京出差。

회화 ①

날짜 묻기

따라 읽기 1 / 2 / 3 10-03

Qǐngwèn, jīntiān xīngqī jǐ?
A 请问，今天星期几？

Jīntiān xīngqīyī.
B 今天星期一。

Jīntiān jǐ yuè jǐ hào?
A 今天几月几号？

Jīntiān èr yuè èr hào.
B 今天二月二号。

Jīntiān èr yuè èr hào le? Xièxie!
A 今天二月二号了？谢谢！

Quiz
오늘은 몇 월 며칠
무슨 요일인가요?

☐ 2월 1일 화요일
☐ 2월 2일 월요일

10-04

New Words
• 月 yuè 명 월, 달 • 号 hào 명 일[날짜를 가리킴]

회화 ① 연습

STEP 1 알맞은 대답을 골라 대화를 연습해 보세요.

1 今天星期几?

- □ 今天星期一。
- □ 今天十二月二十五号。

2 今天几月几号?

- □ 今天星期六。
- □ 今天二月二号。

STEP 2 제시된 단어로 바꾸어 연습해 보세요.

1 <u>今天</u>几月几号? 10-05

明天　　你的生日　　圣诞节

生日 shēngrì 명 생일 | **圣诞节** Shèngdànjié 고유 크리스마스

2 今天<u>二</u>月<u>二</u>号。 10-06

五 / 十　　八 / 二十二　　十二 / 三十一

회화 ②

회의 날짜 정하기

따라 읽기 1 / 2 / 3 10-07

Xiǎo Wáng, xīngqīsān kāihuì, kěyǐ ma?
A 小王，星期三开会，可以吗？

Xīngqīsān shì jǐ hào?
B 星期三是几号？

Shíyī yuè èrshísān hào.
A 十一月二十三号。

Wǒ èrshí'èr hào qù Běijīng chūchāi, èrshísì hào huí gōngsī.
B 我二十二号去北京出差，二十四号回公司。

Nà, wǒmen èrshíwǔ hào kāihuì ba.
A 那，我们二十五号开会吧。

Wǒ kàn yíxià…… Shàngwǔ shí diǎn, kěyǐ ma?
B 我看一下…… 上午十点，可以吗？

Kěyǐ, shíyī yuè èrshíwǔ hào shàngwǔ shí diǎn kāihuì.
A 可以，十一月二十五号上午十点开会。

Hǎo de, wǒ zhīdào le, xièxie!
B 好的，我知道了，谢谢！

Quiz
A와 B는 언제 회의하나요?

☐ 11월 23일
☐ 11월 25일

10-08

New Words
- **北京** Běijīng 고유 베이징
- **那** nà 접 그러면, 그렇다면
- **看** kàn 동 보다

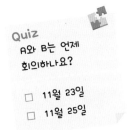

회화 ② 연습

STEP 1 알맞은 대답을 골라 대화를 연습해 보세요.

1 我二十二号去北京出差，二十四号回公司。

- □ 那，我们二十三号开会吧。
- □ 那，我们二十五号开会吧。

2 十一月二十五号上午十点开会，可以吗？

- □ 可以。
- □ 不是。

STEP 2 제시된 단어로 바꾸어 연습해 보세요.

1 我<u>二十二号</u>去<u>北京出差</u>。 10-09

九月 / 中国 / 旅游	明天 / 公园 / 玩	明年 / 美国 / 留学

旅游 lǚyóu 동 여행하다 | **公园** gōngyuán 명 공원 | **玩** wán 동 놀다 | **留学** liúxué 동 유학하다

2 我<u>看</u>一下。 10-10

说	读	查

说 shuō 동 말하다 | **读** dú 동 읽다 | **查** chá 동 조사하다, 찾아보다

단문

날짜별 일정 말하기

따라 읽기 1 / 2 / 3 10-11

Wǒ shí'èr yuè èrshíyī hào qù Rìběn chūchāi, shí'èr yuè èrshí
我十二月二十一号去日本出差，十二月二十
sì hào huí Běijīng, shí'èr yuè èrshíwǔ hào shàngwǔ hé péngyou chī fàn,
四号回北京，十二月二十五号上午和朋友吃饭，
xiàwǔ xiūxi. Èrshíliù hào hěn máng, shàngwǔ qù CTI gōngsī jiàn Lǐ
下午休息。二十六号很忙，上午去CTI公司见李
jīnglǐ, zhōngwǔ qù yínháng, xiàwǔ jiàn Gāo jīnglǐ hé Wáng mìshū, wǎn
经理，中午去银行，下午见高经理和王秘书，晚
shang yě gōngzuò.
上也工作。

Speaking Training

1. 빈칸을 자유롭게 채워 말해 보세요.

我______月______号去______出差，______月_____号回_____，_____月_____号上午和_____吃饭，下午休息。_____号很忙，上午去_____见_____，中午去_____，下午见_____和_____，晚上也工作。

2. 00월 00일에서 00월 00일까지의 계획을 말해 보세요.

10-12

New Words
- **和** hé 접개 ~와
- **吃饭** chī fàn 밥을 먹다
- **中午** zhōngwǔ 명 정오

단문 연습

STEP 1 다음 문장과 본문 내용이 일치하면 V, 틀리면 X를 표시하고, 바르게 고쳐 말해 보세요.

1 她十二月二十二号去北京出差。 ☐
Tā shí'èr yuè èrshí'èr hào qù Běijīng chūchāi.

▶ ____________________

2 她十二月二十四号回北京。 ☐
Tā shí'èr yuè èrshísì hào huí Běijīng.

▶ ____________________

3 她二十六号不忙。 ☐
Tā èrshíliù hào bù máng.

▶ ____________________

STEP 2 다음 질문에 답해 보세요.

1 她出差几天?
Tā chūchāi jǐ tiān?

▶ ____________________

2 她什么时候去银行?
Tā shénme shíhou qù yínháng?

▶ ____________________

3 她十二月二十五号上午和谁吃饭?
Tā shí'èr yuè èrshíwǔ hào shàngwǔ hé shéi chī fàn?

▶ ____________________

정리하기

1 날짜 표현

'월'은 숫자 뒤에 '月'를 붙여서 나타냅니다.

1월	2월	3월	4월	5월	6월
一月 yī yuè	二月 èr yuè	三月 sān yuè	四月 sì yuè	五月 wǔ yuè	六月 liù yuè
7월	**8월**	**9월**	**10월**	**11월**	**12월**
七月 qī yuè	八月 bā yuè	九月 jiǔ yuè	十月 shí yuè	十一月 shíyī yuè	十二月 shí'èr yuè

'일'은 숫자 뒤에 '号'를 붙여서 나타내며, 글말에서는 '日'를 사용합니다.

二十一号
èrshíyī hào

十九日
shíjiǔ rì

날짜를 묻고 싶다면 숫자 자리에 '几'를 사용하여 물을 수 있습니다.

A 今天几月几号?
Jīntiān jǐ yuè jǐ hào?

B 今天三月十号。
Jīntiān sān yuè shí hào.

A 今天几月几号?
Jīntiān jǐ yuè jǐ hào?

B 今天九月十七号。
Jīntiān jiǔ yuè shíqī hào.

Quiz 이번 과에서 배운 내용을 바탕으로 중국어로 바꾸어 써 보세요.

1. ① 2월 ▶ ____________ ② 8월 ▶ ____________ ③ 11월 ▶ ____________

④ 21일 ▶ ____________ ⑤ 19일[글말] ▶ ____________

⑥ A 오늘 몇 월 며칠이죠? ▶ ____________
B 오늘은 3월 10일입니다. ▶ ____________

⑦ A 오늘은 몇 월 며칠이죠? ▶ ____________
B 오늘은 9월 17일입니다. ▶ ____________

2 접속사 那

대화 중 접속사 '那'는 '그럼', '그렇다면'의 뜻으로 사용하기도 합니다.

那，我们二十五号开会吧。
Nà, wǒmen èrshíwǔ hào kāihuì ba.

那，我不去。
Nà, wǒ bú qù.

3 중국의 대표 명절

중국의 대표적인 전통 명절은 몇 월 며칠인지 알아봅시다.

명절	날짜
春节 Chūnjié 춘절(구정)	农历1月1号
元宵节 Yuánxiāo jié 원소절	农历1月15号
清明节 Qīngmíng jié 청명절	阳历4月5号前后
端午节 Duānwǔ jié 단오절	农历5月5号
中秋节 Zhōngqiū jié 중추절	农历8月15号

农历 nónglì 명 음력 | **阳历** yánglì 명 양력 | **前后** qiánhòu 명 전후

2. ① 그럼, 우리 25일에 회의하죠. ▶ ____________________

② 그럼, 나는 안 가. ▶ ____________________

3. ① 춘절 ▶ ____________________ ② 중추절 ▶ ____________________

종합 연습

1 녹음을 듣고 사진과 일치하면 V, 틀리면 X를 표시하세요. 10-13

(1) 

( )

(2) 

( )

2 녹음을 듣고 질문에 알맞은 답을 고르세요. 10-14

(1) A 公司　　B 日本　　C 中国

(2) A 十月二号十点　　B 一月五号十点　　C 十一月二十五号十点

3 주어진 단어를 사용하여 빈칸을 채우세요.

보기　一下　出差　可以　那

A와 B가 회의 날짜를 상의한다.

A 小王，星期三开会，__________吗?
B 星期三是几号?
A 十一月二十三号。
B 我二十二号去北京__________，二十四号回公司。
A __________，我们二十五号开会吧。
B 我看__________…… 上午十点，可以吗?
A 可以，十一月二十五号上午十点开会。
B 好的，我知道了，谢谢！

4 주어진 단어를 알맞은 순서로 배열하여 문장을 완성하세요.

(1) 月　几　号　今天　几　?

▶ ____________________

(2) 二十一号　日本　十二月　我　出差　去　。

▶ ____________________

(3) 号　吧　我们　那　二十五　开会　，　。

▶ ____________________

5 괄호 안의 단어를 넣어 연습한 후, 자유롭게 교체하여 대화해 보세요.

(1) **A** 今天几月几号?
B 今天________月________号。(二/二)

(2) **A** 星期________是几号? (三)
B ________月________号。(十一/二十三)

(3) **A** ________，可以吗? (上午十点)
B ________，________。(可以/上午十点开会)

6 제시된 표현을 활용하여 다음 주제에 맞게 말해 보세요.

주제 계획 말하기 – 다음 계획표를 보고 날짜와 시간별로 계획을 말해 보세요.

날짜	10月28日	11月5日	11月19日	12月24日
시간	晚上9点	上午10点	下午4点	晚上7点
내용	去美国出差	回公司	见玛丽小姐	和王女士吃饭

* Unit *

11

Bàngōngshì zài wǔ líng liù fángjiān.

办公室在五零六房间。

| 사무실은 506호입니다.

리 사장님의 사무실은 어디에 있나요?
그의 사무실은 506호입니다.

학습 목표 □ 장소를 묻고 답할 수 있다. □ 방 번호를 묻고 답할 수 있다.

학습 내용 □ 방 번호 읽기 □ 결과보어 在 □ 감사 표현과 응답 □ 장소를 묻는 표현

준비하기

STEP 1 이번 과의 주제와 관련된 단어를 따라 읽어 보세요. 11-01

sān líng yāo
301

èr líng bā
208

liù líng yāo liù
6016

STEP 2 이번 과의 핵심 문장을 발음과 억양에 유의하여 따라 읽어 보세요. 11-02

1. Nín zhùzài sān líng bā fángjiān. ☑ ☐ ☐
   您住在三零八房间。

2. Tā de bàngōngshì zài wǔ líng liù. ☑ ☐ ☐
   他的办公室在五零六。

3. Bú kèqi! ☑ ☐ ☐
   不客气！

회화 ①

호텔 체크인하기

따라 읽기 1 / 2 / 3 11-03

Nín hǎo, xiānsheng! Huānyíng nín!
A 您好，先生！欢迎您！

Nín hǎo! Wǒ shì Wáng Tiān, zhè shì wǒ de hùzhào.
B 您好！我是王天，这是我的护照。

Wáng xiānsheng, nín hǎo!
A 王先生，您好！

Nín zhùzài sān líng bā fángjiān.
您住在三零八房间。

Hǎo de, xièxie! Zàijiàn!
B 好的，谢谢！再见！

Bú kèqi, zàijiàn!
A 不客气，再见！

Quiz
미스터 왕의 방은 몇 호인가요?

□ 380호
□ 308호

11-04

New Words
- 护照 hùzhào 명 여권
- 住 zhù 동 묵다
- 零 líng 수 0, 영
- 房间 fángjiān 명 방
- 客气 kèqi 동 사양하다

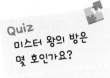

회화 ① 연습

STEP 1 알맞은 대답을 골라 대화를 연습해 보세요.

1 谢谢！

□ 不客气！

□ 没关系！

2 我住在哪儿？

□ 您住在三零八房间。

□ 您住在北京。

STEP 2 제시된 단어로 바꾸어 연습해 보세요.

1 您住在三零八房间。 11-05

五二六	一二三五	八零六

2 A 谢谢！ 11-06

B 不客气！

不用客气	不谢	不用谢

不用 búyòng 부 ~할 필요가 없다

회화 ②

회의 장소 정하기

따라 읽기 1 / 2 / 3 　 11-07

Nǐ hǎo, Lǐ xiānsheng!
A 你好，李先生！

Zǎoshang hǎo, Wáng xiānsheng!
B 早上好，王先生！

Wǒmen jīntiān zài nǎr kāihuì?
A 我们今天在哪儿开会？

Zài Lǐ jīnglǐ de bàngōngshì.
B 在李经理的办公室。

Tā de bàngōngshì zài nǎr?
A 他的办公室在哪儿？

Tā de bàngōngshì zài wǔ líng liù.
B 他的办公室在五零六。

Hǎo de, xièxie!
A 好的，谢谢！

Bú kèqi!
B 不客气！

Quiz
A와 B는 어디에서 회의를 하나요?
- ☐ 506호
- ☐ 미스터 왕 사무실

11-08

New Words
- 办公室 bàngōngshì 명 사무실

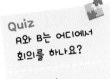

회화 ② 연습

STEP 1 알맞은 대답을 골라 대화를 연습해 보세요.

1 我们今天在哪儿开会?

- □ 在李经理的办公室。
- □ 他的办公室在五零六。

2 他的办公室在哪儿?

- □ 在李经理的办公室。
- □ 他的办公室在五零六。

STEP 2 제시된 단어로 바꾸어 연습해 보세요.

1 我们<u>今天</u>在哪儿<u>开会</u>? 11-09

后天 / 吃饭　　下周 / 见面　　明天 / 坐车

坐 zuò 동 타다 | 车 chē 명 차

2 他的办公室在<u>五零六</u>。 11-10

八零五　　七零三　　九零二

단문

일정 전달하기

따라 읽기 1 / 2 / 3 11-11

Lǐ jīnglǐ, míngtiān de huìyì zài Jīngběi Bīnguǎn. Nín shàngwǔ zài
李经理，明天的会议在京北宾馆。您上午在

èr líng yāo huìyìshì kāihuì, xiàwǔ zài wǔ líng wǔ jiàn yínháng de Zhōu
二零一会议室开会，下午在五零五见银行的周

jīnglǐ. Wǎnshang nín zhùzài yī liù líng èr fángjiān.
经理。晚上您住在一六零二房间。

Speaking Training

1. 빈칸을 자유롭게 채워 말해 보세요.

_____经理，明天的会议在_____。您上午在_____会议室开会，下午在____见____。晚上您住在___房间。

2. 수업 중인 교실은 몇 호인지 말해 보세요.

11-12

New Words
- **会议** huìyì 명 회의
- **宾馆** bīnguǎn 명 호텔
- **会议室** huìyìshì 명 회의실

단문 연습

STEP 1 다음 문장과 본문 내용이 일치하면 V, 틀리면 X를 표시하고, 바르게 고쳐 말해 보세요.

1 明天的会议在北京宾馆。 ☐
Míngtiān de huìyì zài Běijīng Bīnguǎn.

▶ ______

2 李经理明天下午在二零一见周经理。 ☐
Lǐ jīnglǐ míngtiān xiàwǔ zài èr líng yī jiàn Zhōu jīnglǐ.

▶ ______

3 李经理明天上午开会。 ☐
Lǐ jīnglǐ míngtiān shàngwǔ kāihuì.

▶ ______

STEP 2 다음 질문에 답해 보세요.

1 李经理明天晚上住在哪个房间?
Lǐ jīnglǐ míngtiān wǎnshang zhùzài nǎge fángjiān?

▶ ______

2 李经理明天上午在哪儿开会?
Lǐ jīnglǐ míngtiān shàngwǔ zài nǎr kāihuì?

▶ ______

3 李经理明天下午见谁?
Lǐ jīnglǐ míngtiān xiàwǔ jiàn shéi?

▶ ______

정리하기

1 방 번호 읽기

방 번호를 읽을 때는 숫자를 한 자리씩 끊어서 읽습니다. 예를 들어, 308호라면 한국어로는 '삼백팔'이라고 읽지만 중국어로는 '三零八'로 읽습니다. 또한 숫자 '一 yī'와 '七 qī'의 발음상 유사함을 해결하기 위해 숫자 1을 '幺 yāo'로 바꾸어 읽기도 합니다.

二零一
èr líng yī(yāo)

一五零三
yī(yāo) wǔ líng sān

五零六
wǔ líng liù

一零零六
yī(yāo) líng líng liù

2 결과보어 在

결과보어 '在'는 동작을 통하여 사람이나 사물이 어떤 처소에 존재하게 됨을 나타냅니다. 결과보어 '在' 뒤에는 장소가 나옵니다.

您住在三零八房间。
Nín zhùzài sān líng bā fángjiān.

书放在桌子上。
Shū fàngzài zhuōzi shang.

我出生在美国。
Wǒ chūshēngzài Měiguó.

他站在我左边。
Tā zhànzài wǒ zuǒbian.

桌子 zhuōzi 명 탁자, 테이블 | **出生** chūshēng 동 출생하다 | **站** zhàn 동 서다 | **左边** zuǒbian 명 왼쪽

Quiz 이번 과에서 배운 내용을 바탕으로 중국어로 바꾸어 써 보세요.

1. ① 201호 ▶ ______ ② 1503호 ▶ ______
   ③ 506호 ▶ ______ ④ 1006호 ▶ ______

2. ① 당신은 308호에 묵으시면 됩니다. ▶ ______ ② 책이 탁자 위에 놓여 있다. ▶ ______
   ③ 나는 미국에서 태어났다. ▶ ______ ④ 그는 내 왼쪽에 서 있다. ▶ ______

3 감사 표현과 응답

'谢谢', '谢谢您' 등의 감사 표현에 대해 다음과 같이 다양한 표현으로 대답할 수 있습니다.

不客气。
Bú kèqi.

别客气。
Bié kèqi.

不谢。
Bú xiè.

不用谢。
Búyòng xiè.

4 장소를 묻는 표현

의문대사 '哪儿'을 사용한 '장소 + 在 + 哪儿'의 형태로 해당 장소가 어디에 있는지 물을 수 있습니다. 또한 '在哪儿 + 동작'의 형태로 사용하면 개사구가 되어 동작이 이루어지는 장소를 묻는 표현이 됩니다.

A 他的办公室在哪儿?
Tā de bàngōngshì zài nǎr?

B 他的办公室在五零六。
Tā de bàngōngshì zài wǔ líng liù.

A 我们今天在哪儿见面?
Wǒmen jīntiān zài nǎr jiànmiàn?

B 我们在图书馆见面吧。
Wǒmen zài túshūguǎn jiànmiàn ba.

图书馆 túshūguǎn 명 도서관

3. [감사 표현에 대한 응답] ▶ ______

4. ② A 그의 사무실은 어디에 있나요? ▶ ______

B 그의 사무실은 506호예요. ▶ ______

② A 우리 오늘 어디에서 만나요? ▶ ______

B 우리 도서관에서 만나요. ▶ ______

종합 연습

1 녹음을 듣고 사진과 일치하면 V, 틀리면 X를 표시하세요. 11-13

(1)

( )

(2)

( )

2 녹음을 듣고 질문에 알맞은 답을 고르세요. 11-14

(1) A 二零六　B 三零八　C 三零六

(2) A 五零六　B 五六零　C 六零五

3 주어진 단어를 사용하여 빈칸을 채우세요.

보기　客气　五零六　好的　哪儿

A가 B에게 회의 장소를 묻는다.

A 我们今天在__________开会?

B 在李经理的办公室。

A 他的办公室在哪儿?

B 他的办公室在__________。

A __________，谢谢！

B 不__________！

4 주어진 단어를 알맞은 순서로 배열하여 문장을 완성하세요.

(1) 住　房间　三零八　您　在　。

▶ ______________________________

(2) 的　办公室　五零六　他　在　。

▶ ______________________________

(3) 晚上　房间　在　住　一六零二　您　。

▶ ______________________________

5 괄호 안의 단어를 넣어 연습한 후, 자유롭게 교체하여 대화해 보세요.

(1) **A** 谢谢！
B ________。(不客气)

(2) **A** 我们今天在哪儿________？(开会)
B 在________。(李经理的办公室)

(3) **A** ________在哪儿？(他的办公室)
B ________在________。(他的办公室/五零六)

6 제시된 표현을 활용하여 다음 주제와 상황에 맞게 말해 보세요.

주제 일정 전달하기

상황 리 사장에게 회의 장소와 시간을 말해 주세요.

장소 京北宾馆
303 회의실
시간 3:30 p.m.

Unit 12

Shénme shíhou jiànmiàn?

什么时候见面?

| 언제 만날까요?

우리 이번 주
언제 만나요?
8월 12일 오전
10시 어때요?

학습 목표 □ 약속 시간과 장소를 묻고 답할 수 있다.

학습 내용 □ 什么时候 □ 동사 行 □ 这/上/下 + 周 □ 연도 읽기
□ 동태조사 了

준비하기

STEP 1 이번 과의 주제와 관련된 단어를 따라 읽어 보세요. 12-01

yī jiǔ bā qī nián
一九八七年
1987년

èr líng líng èr nián
二零零二年
2002년

èr líng èr líng nián
二零二零年
2020년

STEP 2 이번 과의 핵심 문장을 발음과 억양에 유의하여 따라 읽어 보세요. 12-02

1 Wǒmen shénme shíhou kāihuì? ☑ ☐ ☐
我们什么时候开会?

2 Xíng ma? ☑ ☐ ☐
行吗?

3 Zhōngwǔ zài tāmen gōngsī chīle fàn. ☑ ☐ ☐
中午在他们公司吃了饭。

회화 ①

회의 시간과 장소 확인하기

따라 읽기 1 / 2 / 3 12-03

Lǐ jīnglǐ, wǒmen shénme shíhou kāihuì?
A 李经理，我们什么时候开会？

Xīngqīsān shàngwǔ jiǔ diǎn bàn.
B 星期三上午九点半。

Zài èr líng wǔ huìyìshì, xíng ma?
A 在二零五会议室，行吗？

Xíng.
B 行。

Quiz
회의는 언제 어디서 하나요?
□ 수요일, 205호
□ 화요일, 250호

12-04

New Words
• 什么 shénme 대 무엇[의문을 나타냄] • 时候 shíhou 명 때

약속 시간 정하기

따라 읽기 1 / 2 / 3 12-05

Wǒmen jǐ diǎn jiànmiàn?
A 我们几点见面？

Wǒmen xiàwǔ liǎng diǎn jiànmiàn, xíng ma?
B 我们下午两点见面，行吗？

Bù xíng. Wǒ liǎng diǎn kāihuì. Sān diǎn bàn xíng ma?
A 不行。我两点开会。三点半行吗？

Xíng.
B 行。

Quiz
A는 2시에 무엇을 하나요?
□ 은행에 간다
□ 회의를 한다

12-06

New Words
• 见面 jiànmiàn 동 만나다

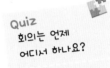

회화 ① 연습

STEP 1 알맞은 대답을 골라 대화를 연습해 보세요.

1 我们什么时候开会?

- ☐ 星期三上午九点半。
- ☐ 上午九点半星期三。

2 我们下午两点见面，行吗?

- ☐ 很行。
- ☐ 不行。

STEP 2 제시된 단어로 바꾸어 연습해 보세요.

1 我们什么时候<u>开会</u>? 12-07

见面　走　出发

2 A 在<u>二零五会议室</u>，行吗? 12-08

B 行。

图书馆前面　学生餐厅　北京站

餐厅 cāntīng 명 식당 | 站 zhàn 명 역

회화 ②

약속 시간과 장소 정하기

따라 읽기 1 / 2 / 3 12-09

Wèi, Lǐ xiānsheng, nǐ hǎo!
A 喂，李先生，你好！

Nǐ hǎo, Wáng xiǎojiě!
B 你好，王小姐！

Lǐ xiānsheng, wǒmen zhè zhōu shénme shíhou jiànmiàn?
A 李先生，我们这周什么时候见面？

Bā yuè shí'èr hào shàngwǔ shí diǎn, xíng ma?
B 八月十二号上午十点，行吗？

Xíng.
A 行。

Zài wǒ de bàngōngshì, xíng ma?
B 在我的办公室，行吗？

Hǎo de, nín de bàngōngshì zài nǎr?
A 好的，您的办公室在哪儿？

Wǒ de bàngōngshì zài sān líng yāo.
B 我的办公室在三零一。

Hǎo, xièxie.
A 好，谢谢。

Quiz
A와 B는 어디서 만나기로 했나요?

□ 310호
□ 301호

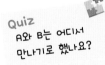

회화 ② 연습

STEP 1 알맞은 대답을 골라 대화를 연습해 보세요.

1 我们这周什么时候见面?

□ 在我的办公室，行吗?

□ 八月十二号上午十点，行吗?

2 在我的办公室，行吗?

□ 好的，您的办公室在哪儿?

□ 好的，他的办公室在哪儿?

STEP 2 제시된 단어로 바꾸어 연습해 보세요.

1 我们这周什么时候见面? 12-10

明天 / 开会　　下次 / 吃饭　　今天 / 出发

2 A 八月十二号上午十点，行吗? 12-11

B 行。

十一 / 二十 / 晚上八　　二 / 一 / 中午十二　　五 / 十五 / 早上六

단문

일기 쓰기

따라 읽기 1 / 2 / 3 12-12

Èr líng èr líng nián sì yuè sānshí rì xīngqīsān tiānqì: qínglǎng
2020年4月30日 星期三 天气：晴朗

Jīntiān shàngwǔ jiǔ diǎn, wǒ jiànle Wáng xiānsheng. Zhōngwǔ zài tā
今天上午九点，我见了王先生。中午在他

men gōngsī chīle fàn. Xiàwǔ liǎng diǎn qù bīnguǎn jiànle Shānkǒu xiānsheng.
们公司吃了饭。下午两点去宾馆见了山口先生。

Wǔ diǎn xiàbān. Míngtiān zhōngwǔ hé Mǎlì xiǎojiě jiànmiàn, xiàwǔ yǒu liǎng
五点下班。明天中午和玛丽小姐见面，下午有两

ge huìyì, bù zhīdào shénme shíhou xiàbān. Zhēn máng!
个会议，不知道什么时候下班。真忙！

Speaking Training

1. 빈칸을 자유롭게 채워 말해 보세요.

____年____月____日 星期____ 天气：____

今天上午____点，我见了____。中午在他们____吃了饭。下午____点去____见了____。____点____。明天中午和____见面，下午有两个____，不知道什么时候____。真忙！

2. 오늘 날짜(연월일)을 말해 보세요.

12-13

New Words
- **年** nián 명 해, 년
- **日** rì 명 일
- **晴朗** qínglǎng 형 쾌청하다
- **有** yǒu 동 있다

단문 연습

STEP 1 다음 문장과 본문 내용이 일치하면 V, 틀리면 X를 표시하고, 바르게 고쳐 말해 보세요.

1 她下午两点去宾馆见了王先生。 ☐
Tā xiàwǔ liǎng diǎn qù bīnguǎn jiànle Wáng xiānsheng.

▶ ______________________________

2 她明天很忙。 ☐
Tā míngtiān hěn máng.

▶ ______________________________

3 她明天五点下班。 ☐
Tā míngtiān wǔ diǎn xiàbān.

▶ ______________________________

STEP 2 다음 질문에 답해 보세요.

1 她中午在哪儿吃了饭?
Tā zhōngwǔ zài nǎr chīle fàn?

▶ ______________________________

2 今天几月几号星期几?
Jīntiān jǐ yuè jǐ hào xīngqī jǐ?

▶ ______________________________

3 她什么时候和玛丽小姐见面?
Tā shénme shíhou hé Mǎlì xiǎojiě jiànmiàn?

▶ ______________________________

정리하기

1 什么时候

시간을 묻고 싶은 경우에는 앞에서 배운 의문대사 '几'로 '몇 시'라는 시각을 물어볼 수도 있지만, 일, 월, 계절 등 더 넓은 범위를 포함하는 '언제'라는 뜻의 '什么时候'를 사용할 수도 있습니다.

A 李经理，我们什么时候开会?
Lǐ jīnglǐ, wǒmen shénme shíhou kāihuì?

B 星期三上午九点半。
Xīngqīsān shàngwǔ jiǔ diǎn bàn.

A 我们什么时候见面?
Wǒmen shénme shíhou jiànmiàn?

B 我们明天见面吧。
Wǒmen míngtiān jiànmiàn ba.

2 동사 行

'行吗?'는 8과에서 배운 '可以吗?'와 마찬가지로 상대방의 허락을 구할 때 사용하는 표현입니다. 대답할 때는 긍정일 경우 '行', 부정일 경우 '不行'으로 말합니다.

A 我们下午两点见面，行吗?
Wǒmen xiàwǔ liǎng diǎn jiànmiàn, xíng ma?

B 行。
Xíng.

A 晚上八点出发，行吗?
Wǎnshang bā diǎn chūfā, xíng ma?

B 不行。
Bù xíng.

Quiz 이번 과에서 배운 내용을 바탕으로 중국어로 바꾸어 써 보세요.

1. ① A 리 사장님, 우리 언제 회의할까요? ▶ ______
   B 수요일 오전 9시 반이요. ▶ ______
   ② A 우리 언제 만날까요? ▶ ______
   B 우리 내일 만나요. ▶ ______

2. ① A 우리 오후 두 시에 만나는 게 어때요? ▶ ______
   B 좋아요. ▶ ______
   ② A 저녁 8시에 출발해도 되나요? ▶ ______
   B 안 돼요. ▶ ______

3 这/上/下 + 周

한 주를 의미하는 '周' 앞에 '这', '上', '下'를 붙여 '这周(이번 주)', '上周(지난주)', '下周(다음 주)'를 표현할 수 있습니다. '周'는 '星期'로 바꿔 말할 수 있습니다.

A 李先生，我们这周什么时候见面?
Lǐ xiānsheng, wǒmen zhè zhōu shénme shíhou jiànmiàn?

B 下周星期六上午见吧。
Xià zhōu xīngqīliù shàngwǔ jiàn ba.

4 연도 읽기

연도는 각 숫자를 하나씩 읽고 '年'을 붙여 말합니다.

二零一九年
èr líng yī jiǔ nián

二零三四年
èr líng sān sì nián

5 동태조사 了

동태조사 '了'는 동사 뒤에 쓰여서 특정한 동작의 완료와 같은 구체적인 상태를 나타냅니다.

我见了王先生。
Wǒ jiànle Wáng xiānsheng.

我喝了一杯酒。
Wǒ hēle yì bēi jiǔ.

杯 bēi 양 잔 | 酒 jiǔ 명 술

3. ① A 미스터 리, 우리 이번 주 언제 만날까요? ▶ ______

B 이번 주 토요일 오전에 만나죠. ▶ ______

4. ① 2019년 ▶ ______ ② 2034년 ▶ ______

5. ① 나는 미스터 왕을 만났습니다. ▶ ______ ② 나는 술을 한 잔 마셨습니다. ▶ ______

종합 연습

1 녹음을 듣고 사진과 일치하면 V, 틀리면 X를 표시하세요. 12-14

(1)

( )

(2)

( )

2 녹음을 듣고 질문에 알맞은 답을 고르세요. 12-15

(1) A 五点　B 六点　C 七点半

(2) A 十月二号　B 十月十二号　C 十月十号

3 주어진 단어를 사용하여 빈칸을 채우세요.

보기　什么时候　好　哪儿　行吗

A와 B가 약속 시간을 정한다.

A 李先生，我们这周__________见面?
B 八月十二号上午十点，行吗?
A 行。
B 在我的办公室，__________?
A 好的，您的办公室在__________?
B 我的办公室在三零一。
A __________，谢谢。

4 주어진 단어를 알맞은 순서로 배열하여 문장을 완성하세요.

(1) 见面　什么　我们　时候　这周　？

▶ ______________________

(2) 行　我　办公室　的　在　吗　，　？

▶ ______________________

(3) 两　下午　有　会议　个　。

▶ ______________________

5 괄호 안의 단어를 넣어 연습한 후, 자유롭게 교체하여 대화해 보세요.

(1) A 我们什么时候__________？（开会）

B __________。(星期三上午九点半)

(2) A 在__________，行吗？（二零五会议室）

B __________。（行）

(3) A 我们__________什么时候__________？（这周/见面）

B ____________________，行吗？（八月十二号上午十点）

6 제시된 표현을 활용하여 다음 주제에 맞게 말해 보세요.

주제 일기 쓰기 – 일기를 작성하고 말해 보세요.

표현 年/月/日　了

Unit

13

Qǐng gěi wǒ dǎ diànhuà.

请给我打电话。

| 제게 전화해 주세요.

당신 전화번호가
어떻게 되죠?
18860926912가
제 휴대전화
번호입니다.

학습 목표 □ 전화번호를 묻고 답할 수 있다.

학습 내용 □ 겸어문 请 □ 동사 给, 개사 给 □ 의문대사 多少 □ 전화번호 읽기

준비하기

STEP 1 이번 과의 주제와 관련된 단어를 따라 읽어 보세요. 13-01

shǒujī hàomǎ
手机号码
휴대전화 번호

chēpái hàomǎ
车牌号码
차량 번호

hùzhào hàomǎ
护照号码
여권 번호

STEP 2 이번 과의 핵심 문장을 발음과 억양에 유의하여 따라 읽어 보세요. 13-02

1 Tā de diànhuà hàomǎ shì duōshao? ☑ ☐ ☐
他的电话号码是多少?

2 Wǒ méiyǒu míngpiàn. ☑ ☐ ☐
我没有名片。

3 Qǐng gěi wǒ dǎ diànhuà. ☑ ☐ ☐
请给我打电话。

회화 ①

전화번호 묻기 (1)

따라 읽기 1 / 2 / 3 13-03

Lǐ jīnglǐ, Gāo xiānsheng zhōusān lái gōngsī jiàn nín.
A 李经理，高先生周三来公司见您。

Wǒ zhōusān chūchāi, qǐng tā jīntiān lái gōngsī ba.
B 我周三出差，请他今天来公司吧。

Hǎo de, wǒ xiànzài gěi tā dǎ diànhuà.
A 好的，我现在给他打电话。

Wǒ gěi tā dǎ ba, tā de diànhuà hàomǎ shì duōshao?
B 我给他打吧，他的电话号码是多少？

Gěi nín, zhè shì tā de míngpiàn.
A 给您，这是他的名片。

Hǎo de, nǐ qù máng ba.
B 好的，你去忙吧。

Quiz
미스터 가오의 번호는 어디에 써 있나요?

☐ 수첩
☐ 명함

13-04

New Words
- **给** gěi 개 ~에게 동 주다
- **打** dǎ 동 (전화를) 걸다
- **电话** diànhuà 명 전화
- **号码** hàomǎ 명 번호
- **多少** duōshao 대 얼마

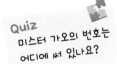

회화 ① 연습

STEP 1 알맞은 대답을 골라 대화를 연습해 보세요.

1 他的电话号码是多少?

□ 给您，这是他的名片。

□ 这是我的电话号码。

STEP 2 제시된 단어로 바꾸어 연습해 보세요.

1 请他<u>今天</u>来<u>公司</u>吧。 13-05

明天 / 我家　　下午 / 学校　　下次 / 中国

2 我现在给<u>他</u>打电话。 13-06

刘老师　　家里　　朋友

家里 jiāli 명 집(안)

3 <u>他</u>的<u>电话号码</u>是多少? 13-07

公司 / 账号　　刘司机 / 车牌号码　　爸爸 / 身高

账号 zhànghào 명 계좌 번호 | 司机 sījī 명 운전사, 기사 | 身高 shēngāo 명 신장, 키

회화 ②

전화번호 묻기 (2)

따라 읽기 1 / 2 / 3 13-08

Wǎnshang hǎo, nín guìxìng?
A 晚上好，您贵姓？

Nín hǎo, wǒ xìng Lǐ.
B 您好，我姓李。

Lǐ xiǎojiě, nǐ hǎo, zhè shì wǒ de míngpiàn.
A 李小姐，你好，这是我的名片。

Duìbuqǐ, wǒ méiyǒu míngpiàn.
B 对不起，我没有名片。

Nín de diànhuà hàomǎ shì duōshao?
A 您的电话号码是多少？

Yāo bā bā liù líng jiǔ èr liù jiǔ yāo èr, zhè shì wǒ de shǒujī hàomǎ.
B 18860926912，这是我的手机号码。

Hǎo de, xièxie.
A 好的，谢谢。

Quiz
미스 리의 전화번호는 무엇인가요?
□ 18860926912
□ 18860916912

13-09

New Words
- **没有** méiyǒu 동 없다
- **手机** shǒujī 명 휴대전화

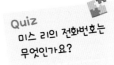

회화 ② 연습

STEP 1 알맞은 대답을 골라 대화를 연습해 보세요.

1 这是我的名片。

□ 对不起，我没有名片。

□ 抱歉，这是我的名片。

2 您的电话号码是多少？

□ E12345678，这是我的护照号码。

□ 18860926912，这是我的手机号码。

STEP 2 제시된 단어로 바꾸어 연습해 보세요.

1 我没有<u>名片</u>。 13-10

时间　　护照　　手机

时间 shíjiān 명 시간

2 <u>18860926912</u>，这是我的<u>手机号码</u>。 13-11

654321 / 密码　　201902345 / 学号　　京A88888 / 车牌号码

密码 mìmǎ 명 비밀번호 | 学号 xuéhào 명 학번 | 京 Jīng 고유 北京의 준말

단문

자기소개하기

따라 읽기 1 / 2 / 3 13-12

Wǒ xìng Lǐ, jiào Lǐ Míng. Wǒ shì Hánguórén, zài CTI gōngsī
我姓李，叫李明。我是韩国人，在CTI公司

gōngzuò. Wǒ lái Zhōngguó chūchāi, zhùzài Jīngběi bīnguǎn de sān líng wǔ fángjiān.
工作。我来中国出差，住在京北宾馆的三零五房间。

Wǒ de bàngōng diànhuà shì líng yāo líng wǔ liù líng qī bā wǔ qī jiǔ, wǒ de shǒujī hàomǎ shì
我的办公电话是01056078579，我的手机号码是

yāo bā wǔ yāo líng sì bā yāo sān jiǔ liù. Qǐng gěi wǒ dǎ diànhuà.
18510481396。请给我打电话。

Speaking Training

1. 빈칸을 자유롭게 채워 말해 보세요.

我姓______，叫______。我是______人，在______工作。我来______出差，住在京北宾馆的______房间。我的办公电话是______，我的手机号码是______。请给我打电话。

2. 자신의 휴대전화 번호를 말해 보세요.

13-13

New Words
- 办公 bàngōng 동 사무를 보다

단문 연습

STEP 1 다음 문장과 본문 내용이 일치하면 V, 틀리면 X를 표시하고, 바르게 고쳐 말해 보세요.

1 李明是中国人，在CTI公司工作。 ☐
Lǐ Míng shì Zhōngguórén, zài CTI gōngsī gōngzuò.

▶ ______________________________

2 李明去中国出差，住在公司宿舍。 ☐
Lǐ Míng qù Zhōngguó chūchāi, zhùzài gōngsī sùshè.

▶ ______________________________

3 李明的办公电话是18510481396。 ☐
Lǐ Míng de bàngōng diànhuà shì yāo bā wǔ yāo líng sì bā yāo sān jiǔ liù.

▶ ______________________________

STEP 2 다음 질문에 답해 보세요.

1 李明在哪儿工作?
Lǐ Míng zài nǎr gōngzuò?

▶ ______________________________

2 李明住在哪个房间?
Lǐ Míng zhùzài nǎge fángjiān?

▶ ______________________________

3 李明的手机号码是多少?
Lǐ Míng de shǒujī hàomǎ shì duōshao?

▶ ______________________________

정리하기

1 겸어문 请

'请' 뒤에 나오는 명사는 앞 절의 목적어이면서 뒷 절의 주어가 됩니다. 이렇게 목적어와 주어를 겸하는 성분을 '겸어'라고 하며, 이러한 구조의 문장을 '겸어문'이라고 합니다. '请' 앞의 주어는 생략할 수 있습니다.

请他今天来公司吧。
Qǐng tā jīntiān lái gōngsī ba.

请您吃饭。
Qǐng nín chī fàn.

请您喝酒。
Qǐng nín hē jiǔ.

请您放心。
Qǐng nín fàngxīn.

放心 fàngxīn 동 마음을 놓다, 안심하다

2 동사 给, 개사 给

동사 '给'는 '주다'의 의미로 '我给你○○'와 같이 사용합니다.

我给你钱。
Wǒ gěi nǐ qián.

他给我一本书。
Tā gěi wǒ yì běn shū.

하지만 뒤에 다른 동사가 나오는 경우 '~에게'라는 의미의 개사구를 만들게 됩니다.

他给我买了一杯咖啡。
Tā gěi wǒ mǎi le yì bēi kāfēi.

我现在给他打电话。
Wǒ xiànzài gěi tā dǎ diànhuà.

本 běn 양 권[책을 세는 단위] | **咖啡** kāfēi 명 커피

Quiz 이번 과에서 배운 내용을 바탕으로 중국어로 바꾸어 써 보세요.

1. ① 그에게 오늘 회사로 오라고 해 주세요. ▶ ______ ② 제가 밥을 사겠습니다. ▶ ______
   ③ 제가 술을 사겠습니다. ▶ ______ ④ 안심하세요. ▶ ______

2. ① 제가 당신에게 돈을 줄게요. ▶ ______ ② 그는 나에게 책 한 권을 주었다. ▶ ______
   ③ 그는 나에게 커피 한 잔을 사줬다. ▶ ______ ④ 제가 지금 그에게 전화를 걸겠습니다. ▶ ______

3 의문대사 多少

의문대사 '几'는 일반적으로 10 이하의 수를 묻는데 사용한다면, '多少'는 보통 10 이상의 수를 묻습니다. 따라서 번호나 가격을 물을 때 주로 사용합니다.

你的电话号码是多少?
Nǐ de diànhuà hàomǎ shì duōshao?

今天多少度?
Jīntiān duōshao dù?

这个多少钱?
Zhège duōshao qián?

车牌号码是多少?
Chēpái hàomǎ shì duōshao?

度 dù 양 도[온도의 단위]

4 전화번호 읽기

전화번호를 읽을 때도 번호를 하나씩 끊어서 읽습니다. 방 번호를 읽을 때와 마찬가지로 일반적으로 숫자 1은 'yāo'로 바꾸어 읽습니다.

01072938386
líng yāo líng qī èr jiǔ sān bā sān bā liù

01056078579
líng yāo líng wǔ liù líng qī bā wǔ qī jiǔ

중국 휴대전화 번호는 우리나라와 마찬가지로 총 11자리이며, 앞 세 자리를 통해 통신망(기술 방식)과 통신사를 알 수 있습니다.

13566972340
yāo sān wǔ liù liù jiǔ qī èr sān sì líng

18510481396
yāo bā wǔ yāo líng sì bā yāo sān jiǔ liù

3. ① 당신의 전화번호는 몇 번이에요? ▶ ______________

② 오늘 몇 도예요? ▶ ______________

③ 이거 얼마예요? ▶ ______________

④ 차량 번호는 몇 번이에요? ▶ ______________

4. [자신의 전화번호 쓰고 읽기] ▶ ______________

종합 연습

1 녹음을 듣고 사진과 일치하면 V, 틀리면 X를 표시하세요.

13-14

(1)

(   )

(2)

(   )

2 녹음을 듣고 질문에 알맞은 답을 고르세요.

13-15

(1) A 01038458906　　B 18515055950　　C 01048458900

(2) A 不知道　　B 女的　　C 男的

3 주어진 단어를 사용하여 빈칸을 채우세요.

보기　手机　名片　没有　多少

A와 B가 명함을 주고받는다.

A 晚上好，您贵姓?
B 您好，我姓李。
A 李小姐，你好，这是我的＿＿＿＿＿。
B 对不起，我＿＿＿＿＿名片。
A 您的电话号码是＿＿＿＿＿?
B 18860926912，这是我的＿＿＿＿＿号码。
A 好的，谢谢。

4 주어진 단어를 알맞은 순서로 배열하여 문장을 완성하세요.

(1) 号码　的　多少　你　是　电话　？

▶ ______________________________

(2) 电话　给　打　我　请　。

▶ ______________________________

(3) 他　今天　公司　请　吧　来　。

▶ ______________________________

5 괄호 안의 단어를 넣어 연습한 후, 자유롭게 교체하여 대화해 보세요.

(1) **A** 你的__________是多少?（电话号码）

B 我的__________是__________。（电话号码/18860926912）

(2) **A** 你有__________吗?（名片）

B 我没有__________。（名片）

(3) **A** 请给__________打电话。（我）

6 제시된 표현을 활용하여 다음 주제에 맞게 말해 보세요.

주제 전화 연락 요청하기

상황 당신은 중국에 출장을 왔습니다. 자신을 소개하고 묵고 있는 장소와 연락처를 남겨 전화 연락을 부탁해 보세요.

표현 给……打电话

Unit 14

Zuò chūzūchē.

坐出租车。

| 택시를 타다.

학습 목표 □ 택시 이용에 필요한 표현을 할 수 있다.

학습 내용 □ 동사 送 □ 세 자리 숫자 읽기 □ 중국의 화폐 단위 □ 인민폐 읽기
□ 的 명사구

준비하기

STEP 1 이번 과의 주제와 관련된 단어를 따라 읽어 보세요. 14-01

jīchǎng
机场
공항

dìtiězhàn
地铁站
지하철역

chāoshì
超市
슈퍼마켓

STEP 2 이번 과의 핵심 문장을 발음과 억양에 유의하여 따라 읽어 보세요. 14-02

1 Qǐng sòng wǒ qù jīchǎng.
请送我去机场。

2 Jīchǎng dào le, yìbǎi sānshíliù yuán.
机场到了，一百三十六元。

3 Zuò chūzūchē qù yínháng duōshao qián?
坐出租车去银行多少钱?

회화 ①

택시 타기

따라 읽기 1 / 2 / 3 14-03

Nín hǎo, nín qù nǎr?
A 您好，您去哪儿？

Nǐ hǎo, qǐng sòng wǒ qù jīchǎng.
B 你好，请送我去机场。

Jīchǎng dào le, yìbǎi sānshíliù yuán.
A 机场到了，一百三十六元。

Gěi nín liǎng zhāng yìbǎi de.
B 给您两张一百的。

Zhǎo nín liùshísì yuán, zàijiàn.
A 找您六十四元，再见。

Xièxie, zàijiàn.
B 谢谢，再见。

Quiz
택시 기사는 얼마를 거슬러 주었나요?

□ 136위안
□ 64위안

14-04

New Words
- **送** sòng 동 바래다주다, 보내다
- **机场** jīchǎng 명 공항
- **到** dào 동 도착하다, 도달하다
- **百** bǎi 수 100, 백
- **元** yuán 양 위안[중국의 화폐 단위로 块의 글말]
- **张** zhāng 양 장[종이 · 책상 등 넓은 표면을 가진 것을 세는 단위]
- **找** zhǎo 동 거슬러 주다

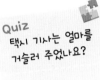

회화 ① 연습

STEP 1 알맞은 대답을 골라 대화를 연습해 보세요.

1 您去哪儿?

- □ 请去我送机场。
- □ 请送我去机场。

2 给您两张一百的。 ✩ 택시 요금 : 136위안

- □ 找您六十四元。
- □ 找六十四元您。

STEP 2 제시된 단어로 바꾸어 연습해 보세요.

1 请送我去<u>机场</u>。 14-05

地铁站	银行	医院

地铁站 dìtiězhàn 명 지하철역

2 找您<u>六十四元</u>。 14-06

三十五 / 块	六 / 毛	五 / 角

块 kuài 양 원[중국의 화폐 단위로 元의 입말] | 毛 máo 양 전[一元의 10분의 일로 角의 입말] | 角 jiǎo 양 전[一元의 10분의 일로 毛의 글말]

회화 ②

택시 요금 물어보기

따라 읽기 1 / 2 / 3 14-07

Lǐ xiānsheng, zuò chūzūchē qù yínháng duōshao qián?
A 李先生，坐出租车去银行多少钱？

Wǔshí kuài.
B 五十块。

Wǔshí kuài qián? Zhēn guì.
A 五十块钱？真贵。

Wǒ qù yínháng zhǎo Gāo xiānsheng, wǒ sòng nín qù.
B 我去银行找高先生，我送您去。

Tài hǎo le, xièxie nín.
A 太好了，谢谢您。

Quiz
은행까지의 택시 요금은 얼마인가요?
□ 15위안
□ 50위안

14-08

New Words
• **坐** zuò 동 타다 • **出租车** chūzūchē 명 택시 • **钱** qián 명 돈, 값, 비용 • **块** kuài 양 원[중국의 화폐 단위로 元의 입말] • **贵** guì 형 비싸다 • **找** zhǎo 동 찾아가다, 방문하다

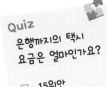

회화 ② 연습

STEP 1 알맞은 대답을 골라 대화를 연습해 보세요.

1 坐出租车去银行多少钱?

□ 五十块钱。

□ 五十钱块。

2 我去银行找高先生，我送你去。

□ 不好了，谢谢你。

□ 太好了，谢谢你。

STEP 2 제시된 단어로 바꾸어 연습해 보세요.

1 坐出租车去银行多少钱? 14-09

公交车 / 火车站	地铁 / 北京大学	三轮车 / 朝阳区

三轮车 sānlúnchē 명 삼륜차 | **朝阳区** Cháoyángqū 고유 조양구[베이징 시 행정 구역 중 하나]

2 我去银行找高先生。 14-10

医院 / 王医生	学校 / 张老师	公司 / 刘经理

단문

택시 요청하기

따라 읽기 1 / 2 / 3　14-11

Nín hǎo, wǒ xiànzài zài Běijīng yīyuàn, xiàwǔ sì diǎn qù jīchǎng,
您好，我现在在北京医院，下午四点去机场，

nín kěyǐ sòng wǒ ma? Wǒ de diànhuà hàomǎ shì yāo wǔ èr sān sì èr sān sì èr sān yāo,
您可以送我吗？我的电话号码是15234234231，

wǒ xìng Lǐ, qǐng gěi wǒ dǎ diànhuà. Xièxie, zàijiàn!
我姓李，请给我打电话。谢谢，再见！

Speaking Training

1. 빈칸을 자유롭게 채워 말해 보세요.

　　您好，我现在在_____，下午_____点去_____，
您可以送我吗？我的电话号码是_____，我姓_____，
请给我打电话。谢谢，再见！

2. 최근 택시를 탄 경험에 대해 말해 보세요.

단문 연습

STEP 1 다음 문장과 본문 내용이 일치하면 V, 틀리면 X를 표시하고, 바르게 고쳐 말해 보세요.

1. 她现在在机场。 ☐
   Tā xiànzài zài jīchǎng.
   ▶ ______

2. 她上午四点去机场。 ☐
   Tā shàngwǔ sì diǎn qù jīchǎng.
   ▶ ______

3. 她叫了一辆出租车。 ☐
   Tā jiàole yí liàng chūzūchē.
   ▶ ______

STEP 2 다음 질문에 답해 보세요.

1. 她姓什么?
   Tā xìng shénme?
   ▶ ______

2. 她什么时候去机场?
   Tā shénme shíhou qù jīchǎng?
   ▶ ______

3. 她的电话号码是多少?
   Tā de diànhuà hàomǎ shì duōshao?
   ▶ ______

정리하기

1 동사 送

'A(사람) + 送 + B(사람) + L(장소)' 구문은 'A가 B를 L까지 배웅하다.'는 의미입니다.

他送我去机场。
Tā sòng wǒ qù jīchǎng.

那我两点送您去火车站。
Nà wǒ liǎng diǎn sòng nín qù huǒchēzhàn.

2 세 자리 숫자 읽기

백 단위 이상 숫자를 읽을 때는 0은 '零'으로 읽어줘야 하며, 중간에 1이 들어가면 '一十'로 읽어야 합니다.

100	101	111	112	365	999
一百 yìbǎi	一百零一 yìbǎi líng yī	一百一十一 yìbǎi yìshíyī	一百一十二 yìbǎi yìshí'èr	三百六十五 sānbǎi liùshíwǔ	九百九十九 jiǔbǎi jiǔshíjiǔ

3 중국의 화폐 단위

중국 화폐는 인민폐(人民币 rénmínbì)라고 하며, 화폐 단위는 '元', '角', '分'으로 구분됩니다. 이는 각각 입말의 '块', '毛', '分'에 해당하며, 이때는 단위 끝에 '钱'을 붙여 말할 수 있습니다.

글말	元 yuán	角 jiǎo	分 fēn
입말	块 kuài	毛 máo	分 fēn

Quiz 이번 과에서 배운 내용을 바탕으로 중국어로 바꾸어 써 보세요.

1. ① 제가 공항까지 모셔다드리겠습니다. ▶ ______

   ② 그럼 제가 2시에 기차역으로 모셔다드리겠습니다. ▶ ______

2. ① 100 ▶ ______ ② 112 ▶ ______ ③ 999 ▶ ______

3. ① 중국 화폐 단위[글말] ▶ ______ ② 중국 화폐 단위[입말] ▶ ______

4 인민폐 읽기

금액 중간에 0이 나오면 '零'으로 읽으며, 0이 연속으로 나와도 한 번만 씁니다. 화폐의 마지막 단위나 0으로 끝나는 금액의 마지막 단위는 생략하여 말할 수 있습니다.
2의 경우 일과 십 단위에는 '二'을 사용하며, 백 · 천 · 만 · 억 단위에서는 '二'과 '两'을 혼용합니다. 대화에서는 '两'을 더 많이 씁니다.

三百七(十)
sānbǎi qī(shí)

六块二(毛)
liù kuài èr (máo)

两百块零二(分)
liǎngbǎi kuài líng èr (fēn)

5 的 명사구

'的' 명사구에서 '的' 뒤의 명사는 말하는 사람이나 듣는 사람이 모두 알거나 이미 앞에서 언급되었을 경우 생략할 수 있습니다.

给您两张一百的。
Gěi nín liǎng zhāng yìbǎi de.

我是出租车公司的。
Wǒ shì chūzūchē gōngsī de.

4. ① 370위안 ▶ ____________ ② 6.2위안 ▶ ____________ ③ 200.02위안 ▶ ____________

5. ① 100위안짜리 두 장을 드리겠습니다. ▶ ____________

② 저는 택시 회사 기사입니다. ▶ ____________

종합 연습

1 녹음을 듣고 사진과 일치하면 V, 틀리면 X를 표시하세요. 14-12

(1) 

( )

(2) 

( )

2 녹음을 듣고 질문에 알맞은 답을 고르세요. 14-13

(1) A 公司 B 银行 C 机场

(2) A 三十块 B 五十块 C 四十块

3 주어진 단어를 사용하여 빈칸을 채우세요.

보기 贵 钱 找 送

A가 B에게 택시 요금을 물어본다.

A 李先生，坐出租车去银行多少__________?

B 五十块。

A 五十块钱？真__________。

B 我去银行__________高先生，我__________您去。

A 太好了，谢谢您。

4 주어진 단어를 알맞은 순서로 배열하여 문장을 완성하세요.

(1) 送　　请　　机场　　去　　我　　。

▶ ______________________________

(2) 出租车　　多少　　坐　　去　　钱　　银行　　?

▶ ______________________________

(3) 元　　找　　六十四　　您　　。

▶ ______________________________

5 괄호 안의 단어를 넣어 연습한 후, 자유롭게 교체하여 대화해 보세요.

(1) A 您去哪儿?
B 请送我去________。(机场)

(2) A 坐出租车去________多少钱? (银行)
B ________块。(五十)

(3) A ________到了, ________元。(机场/一百三十六)
B 给您________张________的。(两/一百)
A 找您________元。(六十四)

6 제시된 표현을 활용하여 다음 주제와 상황에 맞게 말해 보세요.

주제 택시 요청하기

상황 당신은 병원에서 공항으로 가려고 합니다. 택시를 요청하는 음성 메시지를 남겨 보세요.

표현 送　　电话号码　　请

Unit 15

Zuò diàntī.

坐电梯。

| 엘리베이터를 타다.

학습 목표 □ 층수를 묻고 답할 수 있다.

학습 내용 □ 양사 层 □ 梯와 관련된 어휘 □ 동사 坐 □ (从) A 到 B

준비하기

STEP 1 이번 과의 주제와 관련된 단어를 따라 읽어 보세요. 15-01

diàntī
电梯
엘리베이터

lóutī
楼梯
계단

diàndòng fútī
电动扶梯
에스컬레이터

STEP 2 이번 과의 핵심 문장을 발음과 억양에 유의하여 따라 읽어 보세요. 15-02

1 Nǐ qù jǐ céng? ☑ ☐ ☐
你去几层?

2 Nín kěyǐ zuò èr hào diàntī. ☑ ☐ ☐
您可以坐二号电梯。

3 Wǒmen gōngsī zài yī dào shí céng. ☑ ☐ ☐
我们公司在一到十层。

회화 ①

몇 층 가는지 묻기

따라 읽기 1 / 2 / 3 15-03

Wáng jīnglǐ, nín qù jǐ céng?
A 王经理，您去几层？

Shíwǔ céng. Nǐ gěi Wáng xiānsheng dǎ ge diànhuà, zhōu'èr kěyǐ jiànmiàn.
B 十五层。你给王先生打个电话，周二可以见面。

Hǎo, zài nǎr jiànmiàn?
A 好，在哪儿见面？

Wǒmen gōngsī ba.
B 我们公司吧。

Hǎo de.
A 好的。

Shíwǔ céng dào le, zàijiàn!
B 十五层到了，再见！

Zàijiàn!
A 再见！

Quiz
누가 15층으로 가나요?
□ 왕 사장
□ 비서

15-04

New Words
• 层 céng 양 층

회화 ① 연습

STEP 1 알맞은 대답을 골라 대화를 연습해 보세요.

1 您去几层?

- □ 十五层。
- □ 十五层到了。

2 在哪儿见面?

- □ 我们公司吧。
- □ 我们公司吗?

STEP 2 제시된 단어로 바꾸어 연습해 보세요.

1 您去几层? 15-05

张老师　　李女士　　王先生

2 十五层到了。 15-06

三　　十一　　二十三

회화 ②

엘리베이터 안내하기

따라 읽기 1 / 2 / 3 　 15-07

Nín hǎo, huānyíng nín lái Jīngběi Bīnguǎn.
A 您好，欢迎您来京北宾馆。

Nín hǎo! Zhè shì wǒ de hùzhào.
B 您好！这是我的护照。

Hǎo de, nín de fángjiān shì liù líng sān.
A 好的，您的房间是六零三。

Shì liù céng ma?
B 是六层吗？

Shì de, nín kěyǐ zuò èr hào diàntī.
A 是的，您可以坐二号电梯。

Diàntī zài nǎr?
B 电梯在哪儿？

Zài zhèr, qǐng!
A 在这儿，请！

Xièxie!
B 谢谢！

Zàijiàn!
A 再见！

Quiz
B는 몇 호 엘리베이터를 타야 하나요?

□ 2호
□ 6호

15-08

New Words
- 号 hào 명 호[배열의 순서를 표시함]
- 电梯 diàntī 명 엘리베이터

회화 ② 연습

STEP 1 알맞은 대답을 골라 대화를 연습해 보세요.

1 电梯在哪儿?

□ 这儿在。

□ 在这儿。

STEP 2 제시된 단어로 바꾸어 연습해 보세요.

1 您可以坐二号电梯 。 15-09

七 / 班车　　三 / 线　　十八 / 座位

班车 bānchē 명 셔틀 버스 | 座位 zuòwèi 명 자리, 좌석

2 是六层吗? 15-10

三　　九　　二十三

3 A 电梯在哪儿? 15-11

B 在这儿。

楼梯 / 那儿　　出口 / 这边　　入口 / 那边

楼梯 lóutī 명 계단 | 出口 chūkǒu 명 출구 | 这边 zhèbian 대 이쪽 |
入口 rùkǒu 명 입구 | 那边 nàbian 대 저쪽, 그쪽

단문

회사 안내하기

따라 읽기 1 / 2 / 3 15-12

Wáng Huān, nǐ hǎo, huānyíng nǐ! Wǒ shì Lǐ Tiān, Wáng jīnglǐ
王欢，你好，欢迎你！我是李天，王经理

de mìshū. Wǒ gěi nǐ jièshào yíxià, wǒmen gōngsī zài yī dào shí céng,
的秘书。我给你介绍一下，我们公司在一到十层，

jīnglǐ de bàngōngshì zài liù céng. Zhèr liǎng ge diàntī, yī dào wǔ céng
经理的办公室在六层。这儿两个电梯，一到五层

kěyǐ zuò yī hào diàntī, liù dào shí céng kěyǐ zuò èr hào diàntī.
可以坐一号电梯，六到十层可以坐二号电梯。

Speaking Training

1. 빈칸을 자유롭게 채워 말해 보세요.

______，你好，欢迎你！我是______，______的______。我给你介绍一下，我们______在______到______层，______的______在______层。这儿两个电梯，______到______层可以坐一号电梯，______到______层可以坐二号电梯。

2. 수업 중인 교실은 몇 층인지 말해 보세요.

단문 연습

STEP 1 다음 문장과 본문 내용이 일치하면 V, 틀리면 X를 표시하고, 바르게 고쳐 말해 보세요.

1 王欢是王经理的秘书。 ☐
Wáng Huān shì Wáng jīnglǐ de mìshū.

▶ ______

2 他们公司在一到十一层。 ☐
Tāmen gōngsī zài yī dào shíyī céng.

▶ ______

3 一到五层可以坐一号电梯。 ☐
Yī dào wǔ céng kěyǐ zuò yī hào diàntī.

▶ ______

STEP 2 다음 질문에 답해 보세요.

1 谁是王经理的秘书?
Shéi shì Wáng jīnglǐ de mìshū?

▶ ______

2 经理的办公室在几层?
Jīnglǐ de bàngōngshì zài jǐ céng?

▶ ______

3 去八层可以坐几号电梯?
Qù bā céng kěyǐ zuò jǐ hào diàntī?

▶ ______

정리하기

1 양사 层

건물의 층을 셀 때는 '一层', '二层', '三层'처럼 양사 '层'을 사용합니다. 만약 몇 층인지 묻고 싶다면 숫자가 들어갈 자리에 '几'를 사용해 '几层?'으로 물을 수 있습니다.

A 王老师的办公室在几层?
Wáng lǎoshī de bàngōngshì zài jǐ céng?

B 在八层。
Zài bā céng.

A 您去几层?
Nín qù jǐ céng?

B 二十三层。
Èrshísān céng.

2 梯와 관련된 어휘들

사다리라는 의미의 梯 tī가 사용된 어휘를 알아봅시다.

梯子
tīzi

楼梯
lóutī

扶梯
fútī

电梯
diàntī

货梯
huòtī

电动扶梯
diàndòng fútī

Quiz 이번 과에서 배운 내용을 바탕으로 중국어로 바꾸어 써 보세요.

1. ① A 왕 선생님의 사무실은 몇 층입니까? ▶ ______
   B 8층입니다. ▶ ______
   ② A 당신은 몇 층에 갑니까? ▶ ______
   B 23층이요. ▶ ______

2. ① 사다리 ▶ ______ ② 계단 ▶ ______ ③ (난간이 있는) 계단 ▶ ______
   ④ 엘리베이터 ▶ ______ ⑤ 화물용 엘리베이터 ▶ ______ ⑥ 에스컬레이터 ▶ ______

3 동사 坐

비행기, 버스와 같은 교통수단뿐만 아니라 엘리베이터와 같은 장치에 탑승할 때도 동사 '坐'를 사용합니다.

坐地铁去吧。
Zuò dìtiě qù ba.

您可以坐二号电梯。
Nín kěyǐ zuò èr hào diàntī.

你可以坐火车去。
Nǐ kěyǐ zuò huǒchē qù.

我们坐缆车到山顶吧。
Wǒmen zuò lǎnchē dào shāndǐng ba.

火车 huǒchē 명 기차 | **缆车** lǎnchē 명 케이블카 | **山顶** shāndǐng 명 산 정상

4 (从) A 到 B

'从'은 시간이나 장소의 시작점을 나타내고 '到'는 시간이나 장소의 종착점을 나타냅니다. '从'은 생략이 가능합니다.

我们公司在三到九层。
Wǒmen gōngsī zài sān dào jiǔ céng.

十一月二十三号到二十六号。
Shíyī yuè èrshísān hào dào èrshíliù hào.

首尔到北京的航班。
Shǒu'ěr dào Běijīng de hángbān.

首尔 Shǒu'ěr 고유 서울 | **航班** hángbān 명 항공편

3. ① 전철을 타고 가시죠. ▶ ______

② 2호 엘리베이터를 타시면 됩니다. ▶ ______

③ 당신은 기차를 타고 가면 됩니다. ▶ ______

④ 우리 케이블카를 타고 정상에 갑시다. ▶ ______

4. ① 우리 회사는 3층에서 9층입니다. ▶ ______

② 11월 23일에서 26일까지 ▶ ______

③ 서울에서 베이징까지의 항공편 ▶ ______

종합 연습

1 녹음을 듣고 사진과 일치하면 V, 틀리면 X를 표시하세요. 15-13

(1)

(　　)

(2)

(　　)

2 녹음을 듣고 질문에 알맞은 답을 고르세요. 15-14

(1) A 三层　　B 八层　　C 十层

(2) A 宾馆　　B 公司　　C 医院

3 주어진 단어를 사용하여 빈칸을 채우세요.

보기　坐　宾馆　护照　层

B가 호텔 체크인을 한다.

A 您好，欢迎您来京北__________。

B 您好！ 这是我的__________。

A 好的，您的房间是六零三。

B 是六__________吗?

A 是的，您可以__________二号电梯。

4 주어진 단어를 알맞은 순서로 배열하여 문장을 완성하세요.

(1) 了　十五　到　层　。

▶ ____________________

(2) 可以　坐　二号　您　电梯　。

▶ ____________________

(3) 公司　层　五　到　我们　一　在　。

▶ ____________________

5 괄호 안의 단어를 넣어 연습한 후, 자유롭게 교체하여 대화해 보세요.

(1) A 你去几层?
B 我去________层。(十九)

(2) A ________在几层?(玛丽的办公室)
B ________在________层。(玛丽的办公室/九)

(3) A 到________层可以坐几号电梯?(十二)
B 您可以坐________号电梯到________层。(一/十二)

6 제시된 표현을 활용하여 다음 주제에 맞게 말해 보세요.

주제 층수 안내하기

상황 사무실에 손님이 찾아오기로 했습니다. 회사가 몇 층에 있고 어떤 엘리베이터를 타고 오면 되는지 설명해 보세요.

표현 到……层　在……层

부록

| 본문 해석

| 모범 답안 및 녹음 대본

| 본문 단어 색인

본문 해석

Unit 01

회화 ①

A 안녕하세요!
B 안녕하세요!

A 좋은 아침입니다!
B 좋은 아침이네요!

회화 ②

A 미스터 리, 안녕하세요!
B 미스 왕, 안녕하세요!

신사 숙녀, 친구 여러분 좋은 저녁입니다!

Unit 02

회화 ①

A 미스터 리, 안녕하세요!
B 미스 왕, 안녕하세요!
A 환영합니다! 들어오세요!
B 감사합니다!

회화 ②

A 환영합니다, 미스터 왕!
B 안녕하세요, 리 여사님!
A 당신을 만나 뵙게 되어 정말 기쁩니다. 앉으시죠!
B 감사합니다!

단문

미스터 왕, 안녕하세요! 당신을 만나 뵙게 되어 정말 기쁩니다. 우리 회사에 오신 것을 환영합니다. 들어오세요. 앉으시죠.

Unit 03

회화 ①

A 안녕하세요. 성씨가 어떻게 되세요?
B 저는 리씨이고, 리샤오밍이라고 합니다. 성씨가 어떻게 되세요?
A 저는 왕씨이고, 왕톈이라고 합니다. 만나 뵙게 되어 반갑습니다.
B 저도요. 만나 뵙게 되어 반갑습니다.

회화 ②

A 환영합니다, 리 여사님,
저는 이곳의 사장이고, 왕씨입니다.
B 왕 사장님, 안녕하세요. 이건 제 명함입니다.
A 감사합니다. 이건 제 명함입니다. 만나 뵙게 되어 반갑습니다.
B 저도요. 만나 뵙게 되어 반갑습니다.

단문

여러분 안녕하세요. 저는 리씨이고, 리하오라고 합니다. 은행에서 일합니다. 여러분을 만나 뵙게 되어 반갑습니다. 제가 소개하겠습니다. 이분은 리 여사님이고, 저희 은행의 사장님이십니다. 저분은 미스터 왕이고, 역시 저희 은행에서 일하십니다.

Unit 04

회화 ①

A 안녕하세요, 미스 왕. 환영합니다!
B 안녕하세요, 미스터 리. 오랜만입니다!
A 오랜만입니다. 바쁘신가요?
B 안 바빠요. 들어오세요!
A 감사합니다!

회화 ②

A 미스 왕, 안녕하세요. 오랜만이에요!
B 오랜만이에요, 미스터 리. 어디 가세요?
A 저는 은행에 갑니다. 당신은요?
B 저는 회사에 갑니다. 안녕히 가세요!
A 안녕히 가세요!

단문

미스터 리, 안녕하세요. 오랜만입니다! 내일 바쁘신가요? 내일 우리 회사에 좀 와 주세요. 감사합니다. 내일 뵙겠습니다!

* Unit 05 *

회화 ①

A 저분은 누구신가요?
B 저분은 미스터 리입니다. 그는 저희 회사의 사장님입니다.
A 그는 어느 나라 사람인가요?
B 그는 중국인입니다.

회화 ②

A 리 사장님은 어느 나라 사람인가요?
B 그는 한국인입니다.
A 왕 비서도 한국인인가요?
B 아니요. 그녀는 미국인입니다.
A 그녀의 중국어 실력은 정말 좋군요.

단문

저는 왕씨이고, 왕톈이라 하며, 중국인입니다. 저는 은행에서 일합니다. 저의 친한 친구 메리는 미국인입니다. 그녀는 중국에 와서 중국어를 공부하며, 그녀의 중국어 실력은 매우 좋습니다.

* Unit 06 *

회화 ①

A 안녕하세요, 미스터 리! 오랜만입니다!
B 오랜만입니다, 미스터 왕.
A 죄송합니다. 제가 늦게 왔습니다.
B 괜찮습니다. 들어오세요.
A 감사합니다!

회화 ②

A 여보세요. 안녕하세요!
B 안녕하세요!
A 말씀 좀 여쭙겠습니다. CTI 회사인가요?
B 그렇습니다.
A 리 사장님 계신가요?
B 죄송합니다. 안 계십니다.
A 감사합니다. 안녕히 계세요!

단문

미스터 왕, 죄송합니다. 당신이 오늘 회사에 오셨을 때 제가 없었습니다. 내일 바쁘신가요? 내일 오후에 저는 회사에 있습니다. 당신이 오시는 걸 환영합니다. 내일 뵙겠습니다.

* Unit 07 *

회화 ①

A 실례합니다. 오늘 무슨 요일이죠?
B 오늘은 월요일입니다.

A 왕 비서, 오늘 무슨 요일이죠?
B 오늘은 화요일입니다, 리 사장님.
A 나는 수요일에 출장 가서 목요일에 돌아옵니다.
B 네, 알겠습니다.

본문 해석

회화 ②

A 왕 사장님, 오랜만입니다!
B 안녕하세요, 미스터 야마구치!
A 일이 바쁘신가요?
B 바쁩니다! 저는 목요일에 일본으로 출장을 갑니다. 지금 그곳은 추운가요?
A 춥지도 덥지도 않습니다. 날씨가 정말 좋아요.
B 잘됐군요! 감사합니다!

단문

저는 메리라고 합니다. 저는 미국인입니다. 중국에 있는 일본 회사에서 일합니다. 저는 비서입니다. 이번 주는 일이 너무 바쁩니다. 저는 월요일에 은행에 가고, 화요일에 일본으로 출장을 갑니다. 수요일에는 야마구치 사장을 만나고, 목요일에 중국으로 돌아옵니다. 금요일에는 회사에서 중국어를 공부합니다.

* Unit 08 *

회화 ①

A 왕 비서, 몇 시에 리 사장을 만나나요?
B 오전 9시 괜찮으신가요?
A 9시에 저는 은행에 갑니다. 10시로 하죠.
B 알겠습니다.
A 내일 저는 몇 시 비행기인가요?
B 아침 7시입니다.
A 네, 알겠어요.

회화 ②

A 리 사장님, 바쁘신가요? 왕 사장님이 11시에 만나러 오십니다.
B 지금 몇 시죠?
A 지금 10시입니다.
B 안 돼요. 저는 10시 반에 회의를 합니다.
A 오후 2시는요?
B 2시 반으로 하죠.
A 네, 알겠습니다.

단문

저는 오늘 매우 바쁩니다! 아침 4시 비행기로 일본에 가서, 9시 반에 야마구치 사장을 만나고, 10시에 회의를 합니다. 오후 1시 비행기로 중국으로 돌아와서, 5시에 은행에 가서 리 사장을 만나고, 6시에 회사로 돌아옵니다.

* Unit 09 *

회화 ①

A 당신은 몇 시에 일어나세요?
B 저는 6시 반에 일어나요. 당신은요?
A 저는 7시에 일어나요. 당신은 몇 시에 주무세요?
B 저는 11시에 자요.

A 리 사장님, 월요일에 몇 시에 출근하세요?
B 월요일 오전에 저는 은행에 갑니다. 오후 2시에 회사에 와서 5시 반에 퇴근합니다.
A 제가 오후 3시 반에 회사로 뵈러 가도 괜찮을까요?
B 좋습니다. 월요일에 봅시다!

회화 ②

A 왕 비서, 지금 몇 시죠?
B 9시 반입니다, 리 사장님.
A 9시 반? 오늘 정말 바쁘네요. 퇴근하시죠. 내일 조금 늦게 출근하세요.
B 괜찮습니다, 사장님. 저는 내일 8시 반에 회사에 오겠습니다.
A 좋아요. 좀 일찍 쉬세요. 내일 봐요.
B 사장님도 일찍 쉬세요. 안녕히 가세요, 사장님.

단문

저는 메리라고 합니다. 저는 미국인입니다. 중국에 있는 일본 회사에서 일합니다. 우리는 일이 매우 바쁩니다. 저는 아침 6시에 일어나서 7시에 회사에 갑니다. 8시 반에 출근하고, 6시 반에 퇴근해서 12시에 잡니다. 당신들은요? 일이 바쁘신가요?

* Unit 10 *

회화 ①

A 말씀 좀 여쭙겠습니다. 오늘 무슨 요일이죠?
B 오늘은 월요일입니다.
A 오늘 몇 월 며칠이죠?
B 오늘은 2월 2일입니다.
A 오늘이 2월 2일인가요? 감사합니다!

회화 ②

A 샤오왕, 수요일에 회의해도 괜찮겠어요?
B 수요일이 며칠이죠?
A 11월 23일입니다.
B 제가 22일에 베이징으로 출장을 가서 24일에 회사로 돌아옵니다.
A 그럼, 우리 25일에 회의하죠.
B 제가 좀 볼게요…… 오전 10시 괜찮으세요?
A 괜찮아요. 11월 25일 오전 10시에 회의합시다.
B 네, 알겠어요. 감사합니다!

단문

저는 12월 21일에 일본으로 출장을 가서 12월 24일에 베이징으로 돌아옵니다. 12월 25일 오전에 친구와 밥을 먹고 오후에 쉽니다. 26일은 많이 바쁩니다. 오전에 CTI 회사에 가서 리 사장님을 만나고, 정오에 은행에 갑니다. 오후에는 가오 사장님과 왕 비서를 만나고, 저녁에도 일합니다.

* Unit 11 *

회화 ①

A 안녕하세요, 선생님! 환영합니다!
B 안녕하세요! 저는 왕톈입니다. 이건 제 여권입니다.
A 미스터 왕, 안녕하세요!
308호에 묵으시면 됩니다.
B 네, 감사합니다! 안녕히 계세요!
A 아닙니다. 안녕히 가세요!

회화 ②

A 안녕하세요, 미스터 리!
B 좋은 아침입니다, 미스터 왕!
A 우리 오늘 어디에서 회의하나요?
B 리 사장님 사무실에서요.
A 그의 사무실은 어디에 있나요?
B 그의 사무실은 506호입니다.
A 알겠습니다. 감사합니다!
B 별말씀을요!

단문

리 사장님, 내일 회의는 징베이 호텔에서 합니다. 오전에는 201호 회의실에서 회의하시고, 오후에는 505호에서 은행의 저우 사장을 만나십니다. 저녁에는 1602호에 묵으시면 됩니다.

* Unit 12 *

회화 ①

A 리 사장님, 저희는 언제 회의를 하나요?
B 수요일 오전 9시 반입니다.
A 205호 회의실에서 괜찮으세요?
B 좋습니다.

A 저희 몇 시에 만나요?
B 오후 2시에 만나도 될까요?
A 안 됩니다. 저는 2시에 회의가 있습니다. 3시 반 괜찮으세요?
B 좋습니다.

회화 ②

A 여보세요. 미스터 리, 안녕하세요!
B 안녕하세요, 미스 왕!
A 미스터 리, 우리 이번 주에 언제 만나요?
B 8월 12일 오전 10시 어때요?
A 좋습니다.
B 제 사무실에서 만나도 될까요?

A 알겠습니다. 당신 사무실은 어디에 있나요?
B 제 사무실은 301호입니다.
A 알겠습니다. 감사합니다.

단문

2020년 4월 30일 수요일 날씨 : 맑음

오늘 오전 9시에 나는 미스터 왕을 만났다. 정오에는 그들의 회사에서 밥을 먹었다. 오후 2시에는 호텔에 가서 미스터 야마구치를 만났고, 5시에 퇴근했다. 내일 정오에는 미스 메리와 만나고, 오후에는 두 차례 회의가 있어 언제 퇴근할지 모르겠다. 정말 바쁘다!

* Unit 13 *

회화 ①

A 리 사장님, 미스터 가오가 수요일에 사장님을 뵈러 옵니다.
B 제가 수요일에 출장을 가니, 그에게 오늘 회사에 오라고 해 주세요.
A 네. 제가 지금 그에게 전화하겠습니다.
B 제가 그에게 걸죠. 그의 전화번호가 어떻게 되죠?
A 여기요. 이게 그의 명함입니다.
B 네. 가서 일 보세요.

회화 ②

A 좋은 저녁입니다. 성씨가 어떻게 되시죠?
B 안녕하세요. 저는 리씨입니다.
A 미스 리, 안녕하세요. 이건 제 명함입니다.
B 죄송합니다. 저는 명함이 없습니다.
A 당신 전화번호가 어떻게 되나요?
B 18860926912가 제 휴대전화 번호입니다.
A 네, 감사합니다.

단문

저는 리(이)씨이고, 리밍(이명)이라고 합니다. 저는 한국인이고, CTI 회사에서 일합니다. 저는 중국에 출장을 왔고, 징베이 호텔 305호에 묵고 있습니다. 제 사무실 전화번호는 01056078579이고, 휴대전화 번호는 18510481396입니다. 제게 전화해 주세요.

* Unit 14 *

회화 ①

A 안녕하세요. 어디로 가세요?
B 안녕하세요. 공항으로 가 주세요.

A 공항에 도착했습니다. 136위안입니다.
B 100위안짜리 두 장 드리겠습니다.
A 64위안 거슬러 드리겠습니다. 안녕히 가세요.
B 감사합니다. 안녕히 가세요.

회화 ②

A 미스터 리, 택시 타고 은행에 가면 얼마죠?
B 50위안입니다.
A 50위안이요? 정말 비싸군요.
B 저는 은행에 가서 미스터 가오를 만나야 하니, 제가 모셔다드리겠습니다.
A 잘됐네요. 감사합니다.

단문

안녕하세요. 저는 지금 베이징 병원에 있는데, 오후 4시에 공항에 갑니다. 저를 데려다줄 수 있나요? 저의 전화번호는 15234234231이고, 리씨입니다. 제게 전화해 주세요. 감사합니다. 안녕히 계세요!

* Unit 15 *

회화 ①

A 왕 사장님, 몇 층 가세요?
B 15층이요. 미스터 왕에게 전화해 주세요. 화요일에 만날 수 있다고요.

A 네, 어디서 만날까요?
B 우리 회사로 하죠.
A 알겠습니다.
B 15층 도착했습니다. 안녕히 가세요!
A 안녕히 가세요!

회화 ②

A 안녕하세요, 징베이 호텔에 오신 것을 환영합니다.
B 안녕하세요! 이건 제 여권입니다.
A 네, 손님의 방은 603호입니다.
B 6층인가요?
A 그렇습니다. 2호 엘리베이터를 타시면 됩니다.
B 엘리베이터는 어디에 있죠?
A 여기입니다. 타시죠!
B 감사합니다!
A 안녕히 가세요!

단문

왕환, 안녕하세요. 환영합니다! 저는 리톈이고, 왕 사장님의 비서입니다. 제가 소개를 좀 하겠습니다. 저희 회사는 1층에서 10층에 있습니다. 사장님의 사무실은 6층에 있습니다. 여기 엘리베이터가 두 대 있습니다. 1층에서 5층까지는 1호 엘리베이터를 타시면 되고, 6층에서 10층까지는 2호 엘리베이터를 타시면 됩니다.

모범 답안 및 녹음 대본

* Unit 01 *

회화 ① 연습

STEP 1 1 你好！
2 早上好！

회화 ② 연습

STEP 1 1 王小姐，您好！

종합 연습

1 (1) V (2) X

녹음
(1) 先生 (2) 晚上好！

2 (1) A (2) B

녹음
(1) A 早上好！
B 早上好！
질문) 现在最可能是什么时候?
(2) A 晚上好！
B 晚上好！
질문) 现在最可能是什么时候?

3 先生，小姐

4 (1) 女士们，先生们，朋友们，晚上好！
(2) 王小姐，您好！

* Unit 02 *

회화 ① 연습

STEP 1 1 您好！
2 谢谢！

회화 ② 연습

STEP 1 1 很高兴认识您。
2 谢谢您！

종합 연습

1 (1) X (2) V

녹음
(1) 喝 (2) 请坐！

2 (1) A (2) B

녹음
(1) A 李先生，您好！
B 王小姐，您好！
질문) 男的姓什么?
(2) A 欢迎您来我们公司。
B 谢谢！
질문) 他们现在在哪儿?

3 您，高兴，坐

4 (1) 很高兴认识您。
(2) 欢迎您来我们公司。

* Unit 03 *

회화 ① 연습

STEP 1 1 我姓王，叫王天。
2 我也是，很高兴认识您。

회화 ② 연습

STEP 1 1 王经理，你好。
2 谢谢，这是我的名片。

단문 연습

STEP 1 1 V
2 X 李女士是银行的经理。
3 V

종합 연습

1 (1) X (2) V

녹음
(1) 书 (2) 很高兴认识您。

2 (1) A (2) B

녹음
(1) A 您贵姓?
B 我姓李。
질문) 女的姓什么?
(2) A 您贵姓?
B 我姓王。
질문) 男的姓什么?

3 姓，的，也

4 (1) 这是我的名片。
(2) 我是这儿的经理。
(3) 我来介绍一下。

Unit 04

회화 ① 연습

STEP 1 1 好久不见！
2 不忙。

회화 ② 연습

STEP 1 1 我去银行。
2 我去公司。

종합 연습

1 (1) V (2) X

녹음
(1) 再见！ (2) 不忙。

2 (1) B (2) A

녹음
(1) A 李先生，明天见!
B 明天见！
질문) 他们什么时候见?
(2) A 好久不见！工作忙吗?
B 忙！你呢?
질문) 女的工作怎么样?

3 哪儿，呢，再见

4 (1) 您去哪儿?
(2) 我去银行，你呢?
(3) 请您明天来一下我的公司。

Unit 05

회화 ① 연습

STEP 1 1 那是李先生。
2 他是中国人。

회화 ② 연습

STEP 1 1 他是韩国人。
2 不是，她是美国人。

단문 연습

STEP 1 1 V
2 X 王天的好朋友玛丽是美国人。
3 X 玛丽来中国学习汉语。

STEP 2 1 他在银行工作。
2 她是美国人。
3 她的汉语很好。

종합 연습

1 (1) V (2) X

녹음
(1) 韩国 (2) 他是美国人。

2 (1) B (2) B

녹음
(1) A 王秘书也是韩国人吗?
B 不是，她是美国人。
질문) 王秘书是哪国人?
(2) A 王秘书，明天谁来我们公司?
B 李经理，明天玛丽小姐来我们公司。
질문) 明天谁来他们公司?

3 哪国人，不是，真

4 (1) 那位是谁?
(2) 王秘书也是韩国人吗?
(3) 她来中国学习汉语。

* Unit 06 *

회화 ① 연습

STEP 1 1 没关系。
2 没关系。

회화 ② 연습

STEP 1 1 是。
2 他不在。

단문 연습

STEP 1 1 X 明天下午她在公司。
2 X 他们可能明天见。
3 V

STEP 2 1 他今天去她的公司了。
2 他们可能明天见。
3 今天王先生来她的公司了。

종합 연습

1 (1) X (2) V

녹음
(1) 对不起。 (2) 我来晚了。

2 (1) C (2) B

녹음
(1) A 请问，那是谁? 是李小姐吗?
B 对不起，我不知道。
질문) 那是谁?
(2) A 李经理在吗?
B 对不起，他不在。
질문) 李经理在吗?

3 喂，请问，在

4 (1) 我来晚了。
(2) 明天下午我在公司。
(3) 请问，是CTI公司吗?

* Unit 07 *

회화 ① 연습

STEP 1 1 今天星期一。
2 今天不是周二。

회화 ② 연습

STEP 1 1 很忙。
2 不冷不热，天气很好。

단문 연습

STEP 1 1 V
2 X 玛丽是秘书。

3 X 玛丽星期五在公司学习汉语。

STEP 2 1 她是美国人。
2 她星期二出差。
3 她星期三见山口经理。

종합 연습

1 (1) X (2) V

녹음
(1) 冷 (2) 这周的工作太忙了。

2 (1) B (2) B

녹음
(1) A 王秘书，今天周几？
B 今天周二，李经理。
질문) 今天星期几？
(2) A 星期五我出差，周三吧，可以吗？
B 好，周三我去您公司。
질문) 他们星期几见？

3 那儿，热，太，了

4 (1) 今天星期几？
(2) 我周四去日本出差。
(3) 现在那儿冷吗？

* Unit 08 *

회화 ① 연습

STEP 1 1 上午九点。
2 九点我去银行，十点吧。

회화 ② 연습

STEP 1 1 十点半。

단문 연습

STEP 1 1 X 她今天真忙。
2 V
3 X 她今天回中国。

STEP 2 1 她今天坐飞机去日本。
2 她下午五点见李经理。
3 她下午六点回公司。

종합 연습

1 (1) V (2) X

녹음
(1) 九点半 (2) 我十点半开会。

2 (1) B (2) C

녹음
(1) A 王秘书，我明天几点的飞机？
B 早上七点。
질문) 男的坐几点的飞机？
(2) A 回来的飞机呢？
B 星期天晚上八点。
질문) 男的星期几回来？

3 来，几，不行，吧

4 (1) 我早上四点的飞机去日本。
(2) 王经理十一点来见您。
(3) 我今天真忙！

* Unit 09 *

회화 ① 연습

STEP 1 1 我十一点睡觉。
2 周一上午八点上班。

회화 ② 연습

STEP 1 1 九点半。
2 您也早点儿休息。

단문 연습

STEP 1 1 X 玛丽在中国的日本公司工作。
2 X 玛丽八点半上班，六点半下班。
3 V

STEP 2 1 她六点起床，十二点睡觉。
2 她是美国人。
3 她睡六个小时。

종합 연습

1 (1) V (2) X

녹음
(1) 起床 (2) 六点半下班。

2 (1) B (2) A

녹음
(1) A 你几点上班?
B 我八点上班。
질문) 男的几点上班?
(2) A 李经理，你周一几点上班?
B 下午两点来公司，五点半下班。
질문) 李经理周一几点上班?

3 几点，晚点儿，好吧，休息

4 (1) 你几点睡觉?
(2) 明天晚点儿来上班。
(3) 我早上六点起床。

* Unit 10 *

회화 ① 연습

STEP 1 1 今天星期一。
2 今天二月二号。

회화 ② 연습

STEP 1 1 那，我们二十五号开会吧。
2 可以。

단문 연습

STEP 1 1 X 她十二月二十一号去日本出差。
2 V
3 X 她二十六号很忙。

STEP 2 1 她出差四天。
2 她二十六号中午去银行。
3 她十二月二十五号上午和朋友吃饭。

종합 연습

1 (1) X (2) V

녹음
(1) 吃饭 (2) 今天二月二号。

2 (1) B (2) C

녹음
(1) A 请问，李经理几号去日本?
B 十二号。
질문) 李经理去哪儿?
(2) A 十一月二十五号上午十点开会。
B 好的，我知道了，谢谢！
질문) 他们什么时候开会?

3 可以，出差，那，一下

4 (1) 今天几月几号?
(2) 我十二月二十一号去日本出差。
(3) 那，我们二十五号开会吧。

* Unit 11 *

회화 ① 연습

STEP 1 1 不客气！
2 您住在三零八房间。

회화 ② 연습

STEP 1 1 在李经理的办公室。
2 他的办公室在五零六。

단문 연습

STEP 1 1 X 明天的会议在京北宾馆。
2 X 李经理明天下午在五零五见周经理。
3 V

STEP 2 1 他明天晚上住在一六零二房间。
2 他明天上午在二零一会议室开会。
3 他明天下午见银行的周经理。

종합 연습

1 (1) V (2) X

녹음
(1) 二零八房间。
(2) 晚上您住在一六零二房间。

2 (1) B (2) A

녹음
(1) A 王先生，您好！您住在三零八房间。
B 好的，谢谢！再见。
질문) 王先生住在哪儿?
(2) A 他的办公室在哪儿?
B 他的办公室在五零六。
질문) 他的办公室在哪儿?

3 哪儿，五零六，好的，客气

4 (1) 您住在三零八房间。
(2) 他的办公室在五零六。
(3) 晚上您住在一六零二房间。

* Unit 12 *

회화 ① 연습

STEP 1 1 星期三上午九点半。
2 不行。

회화 ② 연습

STEP 1 1 八月十二号上午十点，行吗?
2 好的，您的办公室在哪儿?

단문 연습

STEP 1 1 X 她上午九点见了王先生。
她下午两点去宾馆见了山口先生。
2 V
3 X 她不知道明天什么时候下班。

STEP 2 1 她中午在王先生的公司吃了饭。
2 今天四月三十号星期三。
3 她明天中午和玛丽小姐见面。

종합 연습

1 (1) X (2) X

녹음
(1) 二零一四年
(2) 中午在他们公司吃了饭。

2 (1) A (2) A

녹음
(1) A 我们五点见面，行吗?
B 行。
질문) 他们几点见面?
(2) A 他什么时候回来?
B 十月二号吧。
질문) 他什么时候回来?

3 什么时候，行吗，哪儿，好

4 (1) 我们这周什么时候见面?
(2) 在我的办公室，行吗?
(3) 下午有两个会议。

* Unit 13 *

회화 ① 연습

STEP 1 1 给您，这是他的名片。

회화 ② 연습

STEP 1 1 对不起，我没有名片。
2 18860926912，这是我的手机号码。

단문 연습

STEP 1 1 X 李明是韩国人，在CTI公司工作。
2 X 李明去中国出差，住在京北宾馆。
3 X 李明的办公电话是01056078579。
李明的手机号码是18510481396。

STEP 2 1 他在CTI公司工作。
2 他住在三零五房间。
3 他的手机号码是18510481396。

종합 연습

1 (1) X (2) X

녹음
(1) 电话号码 (2) 我没有名片。

2 (1) A (2) C

녹음
(1) A 你的电话号码是多少?
B 01038458906。
질문) 男的的电话号码是多少?
(2) A 我给他打个电话，可以吗?
B 可以。
질문) 谁给他打电话?

3 名片，没有，多少，手机

4 (1) 你的电话号码是多少?
(2) 请给我打电话。
(3) 请他今天来公司吧。

* Unit 14 *

회화 ① 연습

STEP 1 1 请送我去机场。
2 找您六十四元。

회화 ② 연습

STEP 1 1 五十块钱。
2 太好了，谢谢你。

단문 연습

STEP 1 1 X 她现在在北京医院。
2 X 她下午四点去机场。
3 V

STEP 2 1 她姓李。
2 她下午四点去机场。
3 她的电话号码是15234234231。

종합 연습

1 (1) V (2) X

녹음
(1) 机场 (2) 给您两张一百的。

2 (1) C (2) B

녹음
(1) A 您好，您去哪儿?
B 你好，请送我去机场。
질문) 女的去哪儿?
(2) A 李先生，坐出租车去银行多少钱?
B 五十块。
질문) 去银行的车费多少钱?

3 钱，贵，找，送

4 (1) 请送我去机场。
(2) 坐出租车去银行多少钱?
(3) 找您六十四元。

3 宾馆，护照，层，坐

4 (1) 十五层到了。
(2) 您可以坐二号电梯。
(3) 我们公司在一到五层。

* Unit 15 *

회화 ① 연습

STEP 1 1 十五层。
2 我们公司吧。

회화 ② 연습

STEP 1 1 在这儿。

단문 연습

STEP 1 1 X 李天是王经理的秘书。
2 X 他们公司在一到十层。
3 V

STEP 2 1 李天是王经理的秘书。
2 经理的办公室在六层。
3 去八层坐二号电梯。

종합 연습

1 (1) X (2) X

녹음
(1) 电梯 (2) 您可以坐八号电梯。

2 (1) B (2) A

녹음
(1) A 李秘书，你去几层?
B 八层，谢谢！
질문) 女的去几层?
(2) A 您好！这是我的护照。
B 好的，您的房间是六零三。
질문) 他们最可能在什么地方?

본문 단어 색인

본문 단어 색인

중국어뱅크

똑똑한 중국어 말하기 훈련 프로그램

스마트 스피킹 중국어 1

워크북

张洁 저 김현철·박응석 편역

동양북스

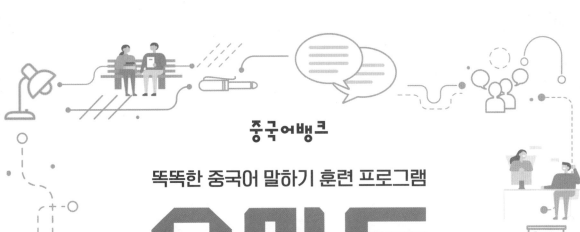

STEP 1 간체자 쓰기

你 nǐ 대 너, 당신	你 你 你 你 你 你 你					
	你 nǐ	你 nǐ				
好 hǎo 형 좋다	好 好 好 好 好 好					
	好 hǎo	好 hǎo				
早上 zǎoshang 명 아침	早 早 早 早 早 早 / 上 上 上					
	早上 zǎoshang	早上 zǎoshang				
先生 xiānsheng 명 선생, 씨, 미스터	先 先 先 先 先 先 / 生 生 生 生 生					
	先生 xiānsheng	先生 xiānsheng				
小姐 xiǎojiě 명 아가씨, 미스	小 小 小 / 姐 姐 姐 姐 姐 姐 姐 姐					
	小姐 xiǎojiě	小姐 xiǎojiě				
朋友 péngyou 명 친구	朋 朋 朋 朋 朋 朋 朋 朋 / 友 友 友 友					
	朋友 péngyou	朋友 péngyou				

TEP 2 들으면서 따라 쓰기

W01-01

회화①

A 你好！ 　　　　A 早上好！

B 你好！ 　　　　B 早上好！

W01-02

회화②

A 李先生，您好！

B 王小姐，您好！

女士们，先生们，朋友们，晚上好！

TEP 3 듣고 받아 쓰기

W01-03

회화①

A

Hint Nǐ hǎo!

B

Nǐ hǎo!

A

Hint Zǎoshang hǎo!

B

Zǎoshang hǎo!

W01-04

회화②

A

Hint 미스터 리, 안녕하세요!

B

미스 왕, 안녕하세요!

Hint 신사 숙녀, 친구 여러분 좋은 저녁입니다.

TEP 4 대화 연습하기

W01-05

회화①

– B 역할

– A 역할

W01-06

회화②

– B 역할

– A 역할

欢迎 huānyíng 동 환영하다	ヌ 欢 欢 欢 欢 欢 / 辶 乍 乍 印 印 印 迎				
	欢迎 huānyíng	欢迎 huānyíng			

请 qǐng 동 ~하세요	讠 请 请 请 请 请 请 请 请 请				
	请 qǐng	请 qǐng			

进 jìn 동 들다 (들어오다, 들어가다)	一 二 牛 井 井 讲 进				
	进 jìn	进 jìn			

谢谢 xièxie 동 감사하다	谢 谢 谢 谢 谢 谢 谢 谢 谢 谢 谢 谢 谢				
	谢谢 xièxie	谢谢 xièxie			

高兴 gāoxìng 형 기쁘다	高 高 高 高 高 高 高 高 高 高 / 兴 兴 兴 兴 兴 兴				
	高兴 gāoxìng	高兴 gāoxìng			

认识 rènshi 동 알다	认 认 认 认 / 识 识 识 识 识 识 识				
	认识 rènshi	认识 rènshi

TEP 2 들으면서 따라 쓰기

W02-01

회화 ①

A 李先生，您好！

B 王小姐，您好！

A 欢迎！请进！

B 谢谢！

W02-02

회화 ②

A 欢迎您，王先生！

B 您好，李女士！

A 很高兴认识您，请坐！

B 谢谢您！

W02-03

단문

王先生，您好！很高兴认识您。欢迎您来我们公司，请进，请坐。

STEP 3 듣고 받아 쓰기

W02-04

회화 ①

A ______________________________

Hint Lǐ xiānsheng, nín hǎo!

B ______________________________

Wáng xiǎojiě, nín hǎo!

A ______________________________

Huānyíng! Qǐng jìn!

B ______________________________

Xièxie!

W02-05

회화 ②

A ______________________________

Hint 환영합니다, 미스터 왕!

B ______________________________

안녕하세요, 리 여사님!

A ______________________________

당신을 만나 뵙게 되어 정말 기쁩니다. 앉으시죠!

B ______________________________

감사합니다!

STEP 4 빈칸 채우기

단문

		王			，	您		！	很			认	识	您	。
		您		我	们			，	请		，	请		。	

Hint 미스터 왕, 안녕하세요!
당신을 만나 뵙게 되어 정말 기쁩니다.
우리 회사에 오신 것을 환영합니다. 들어오세요. 앉으시죠.

STEP 5 대화 연습하기

W02-06

회화 ①

- B 역할
- A 역할

W02-07

회화 ②

- B 역할
- A 역할

Unit 03

STEP 1 간체자 쓰기

姓 xìng 명 성씨 동 성이 ~이다	姓 xìng 姓 xìng
叫 jiào 동 (이름을) ~라고 하다	叫 jiào 叫 jiào
是 shì 동 ~이다	是 shì 是 shì
这儿 zhèr 대 여기	这儿 zhèr 这儿 zhèr
工作 gōngzuò 동 일하다	工作 gōngzuò 工作 gōngzuò
介绍 jièshào 동 소개하다	介绍 jièshào 介绍 jièshào

STEP 2 들으면서 따라 쓰기

W03-01

회화①

A 您好，您贵姓？

B 我姓李，叫李小明，您贵姓？

A 我姓王，叫王天，很高兴认识您。

B 我也是，很高兴认识您。

W03-02

회화②

A 欢迎你，李女士。

我是这儿的经理，我姓王。

B 王经理，你好，这是我的名片。

A 谢谢，这是我的名片，很高兴认识您。

B 我也是，很高兴认识您。

W03-03

단문

你们好，我姓李，叫李好，在银行工作。很高兴认识你们。我来介绍一下：这位是李女士，是我们银行的经理。那位是王先生，也在我们银行工作。

STEP 3 듣고 받아 쓰기

W03-04

회화①

A

Hint Nín hǎo, nín guìxìng?

B

Wǒ xìng Lǐ, jiào Lǐ xiǎomíng, nín guìxìng?

A

Wǒ xìng Wáng, jiào Wáng Tiān, hěn gāoxìng rènshi nín.

B

Wǒ yě shì, hěn gāoxìng rènshi nín.

W03-05

회화②

A

Hint 환영합니다, 리 여사님.

저는 이곳의 사장이고, 왕씨입니다.

B

왕 사장님, 안녕하세요. 이건 제 명함입니다.

A

감사합니다. 이건 제 명함입니다. 만나 뵙게 되어 반갑습니다.

B

저도요. 만나 뵙게 되어 반갑습니다.

STEP 4 빈칸 채우기

단문

		你	们	好	，	我		李	，		李	好	，		银
行			。	很			认	识	你	们	。	我	来		
一	下	：			是	李	女	士	，	是	我	们			的
		。			是	王	先	生	，		在	我	们		
工	作	。													

Hint 여러분 안녕하세요. 저는 리씨이고, 리하오라고 합니다. 은행에서 일합니다. 여러분을 만나 뵙게 되어 반갑습니다. 제가 소개하겠습니다. 이분은 리 여사님이고, 우리 은행의 사장님이십니다. 저분은 미스터 왕이고, 역시 우리 은행에서 일하십니다.

STEP 5 대화 연습하기

W03-06

회화①

- B 역할
- A 역할

W03-07

회화②

- B 역할
- A 역할

Unit 04

STEP 1 간체자 쓰기

글자	필순
见 jiàn 동 만나다	见 见 见 见 见 jiàn 见 jiàn
忙 máng 형 바쁘다	忙 忙 忙 忙 忙 忙 忙 máng 忙 máng
吗 ma 조 문장 끝에 쓰여 의문을 나타냄	吗 吗 吗 吗 吗 吗 吗 ma 吗 ma
去 qù 동 가다	去 去 去 去 去 去 qù 去 qù
哪儿 nǎr 대 어디, 어느 곳	哪 哪 哪 哪 哪 哪 哪 哪 哪/儿 儿 哪儿 nǎr 哪儿 nǎr
明天 míngtiān 명 내일	明 明 明 明 明 明 明 明/天 天 天 天 明天 míngtiān 明天 míngtiān

STEP 2 들으면서 따라 쓰기

W04-01

회화 ①

A 您好，王小姐，欢迎你！

B 您好，李先生，好久不见！

A 好久不见，您忙吗？

B 不忙，请进！

A 谢谢！

W04-02

회화 ②

A 王小姐，你好，好久不见！

B 好久不见，李先生，您去哪儿？

A 我去银行，你呢？

B 我去公司，再见！

A 再见！

W04-03

단문

李先生，您好，好久不见！您明天忙吗？请您明天来一下我的公司，谢谢。明天见！

STEP 3 듣고 받아 쓰기

W04-04

회화①

A

Hint Nín hǎo, Wáng xiǎojiě, huānyíng nǐ!

B

Nín hǎo, Lǐ xiānsheng, hǎojiǔ bú jiàn!

A

Hǎojiǔ bú jiàn, nín máng ma?

Bù máng, qǐng jìn!

B

Xièxie!

W04-05

회화②

A

Hint 미스 왕, 안녕하세요, 오랜만이에요!

B

오랜만이에요, 미스터 리. 어디 가세요?

A

저는 은행에 갑니다. 당신은요?

B

저는 회사에 갑니다. 안녕히 가세요!

A

안녕히 가세요!

STEP 4 빈칸 채우기

단문

		李			，	您	好	，					！	您	
	忙		？		您	明	天				我	的	公	司	，
		。			见	！									

Hint 미스터 리, 안녕하세요, 오랜만입니다!
내일 바쁘신가요?
내일 우리 회사에 좀 와 주세요. 감사합니다.
내일 뵙겠습니다!

STEP 5 대화 연습하기

W04-06

회화 ①

- B 역할
- A 역할

W04-07

회화 ②

- B 역할
- A 역할

Unit 05

STEP 1 간체자 쓰기

谁 shéi 대 누구	谁 谁 谁 谁 谁 谁 谁 谁 谁 谁 谁 谁 shéi shéi
中国 Zhōngguó 고유 중국	中 中 中 中/国 国 国 国 国 国 国 国 中国 中国 Zhōngguó Zhōngguó
韩国 Hánguó 고유 한국	韩 韩 韩 韩 韩 韩 韩 韩 韩 韩 韩 韩/国 国 国 国 国 国 国 国 韩国 韩国 Hánguó Hánguó
真 zhēn 부 정말	真 真 真 真 真 真 真 真 真 真 真 真 zhēn zhēn
学习 xuéxí 동 공부하다	学 学 学 学 学 学 学 学/习 习 习 学习 学习 xuéxí xuéxí
汉语 Hànyǔ 고유 중국어	汉 汉 汉 汉 汉/语 语 语 语 语 语 语 语 语 汉语 汉语 Hànyǔ Hànyǔ

TEP 2 듣으면서 따라 쓰기

W05-01

회화①

A 那位是谁?

B 那是李先生，他是我们公司的经理。

A 他是哪国人?

B 他是中国人。

W05-02

회화②

A 李经理是哪国人?

B 他是韩国人。

A 王秘书也是韩国人吗?

B 不是，她是美国人。

A 她的汉语真好。

W05-03

단문

我姓王，叫王天，是中国人。我在银行工作。我的好朋友玛丽是美国人。她来中国学习汉语，她的汉语很好。

STEP 3 듣고 받아 쓰기

W05-04

회화①

A

Hint Nà wèi shì shéi?

B

Nà shì Lǐ xiānsheng, tā shì wǒmen gōngsī de jīnglǐ.

A

Tā shì nǎ guó rén?

B

Tā shì Zhōngguórén.

W05-05

회화②

A

Hint 리 사장님은 어느 나라 사람인가요?

B

그는 한국인입니다.

A

왕 비서도 한국인인가요?

B

아니요. 그녀는 미국인입니다.

A

그녀의 중국어 실력은 정말 좋군요.

STEP 4 빈칸 채우기

단문

		我		王	，		王	天	，	是				。	我
	银	行			。	我	的				玛	丽		美	国
人	。	她		中	国			汉	语	，	她	的			很
好	。														

Hint 저는 왕씨이고, 왕텐이라하며, 중국인입니다.
저는 은행에서 일합니다.
저의 친한 친구 메리는 미국인입니다.
그녀는 중국에 와서 중국어를 공부하며, 그녀의 중국어 실력은 매우 좋습니다.

STEP 5 대화 연습하기

W05-06

회화①

- B 역할
- A 역할

W05-07

회화②

- B 역할
- A 역할

STEP 1
간체자 쓰기

晚 wǎn 형 늦다	晚 晚 晚 晚 晚 晚 晚 晚 晚 晚 晚			
	晚 wǎn	晚 wǎn		

对不起 duìbuqǐ 동 미안하다	又 对 对 对 对 / 不 不 不 不 / 起 起 起 起 起 起 走 起 起 起			
	对不起 duìbuqǐ	对不起 duìbuqǐ		

没关系 méi guānxi 괜찮다, 문제없다	没 没 没 没 没 没 没 / 关 关 关 关 关 关 / 系 系 系 系 系 系 系			
	没关系 méi guānxi	没关系 méi guānxi		

喂 wèi 감 여보세요	喂 喂 喂 喂 喂 喂 喂 喂 喂 喂 喂 喂			
	喂 wèi	喂 wèi		

请问 qǐngwèn 동 실례합니다	请 请 请 请 请 请 请 请 请 请 / 问 问 门 问 问 问			
	请问 qǐngwèn	请问 qǐngwèn		

在 zài 동 ~에 있다, 존재하다	在 在 在 在 在 在			
	在 zài	在 zài

STEP 2 들으면서 따라 쓰기

W06-01

회화①

A 你好，李先生！好久不见！

B 好久不见，王先生。

A 对不起，我来晚了。

B 没关系。请进。

A 谢谢！

W06-02

회화②

A 喂，你好！

B 你好！

A 请问，是CTI公司吗？

B 是。

A 李经理在吗？

B 对不起，他不在。

A 谢谢，再见！

W06-03

단문

王先生，对不起，你今天来公司，我不在。明天你忙吗？明天下午我在公司，欢迎你来。明天见。

STEP 3 듣고 받아 쓰기

W06-04

회화 ①

A

Hint Nǐ hǎo, Lǐ xiānsheng! Hǎojiǔ bú jiàn!

B

Hǎojiǔ bú jiàn, Wáng xiānsheng.

A

Duìbuqǐ, wǒ láiwǎn le.

B

Méi guānxi. Qǐng jìn.

A

Xièxie!

W06-05

회화 ②

A

Hint 여보세요. 안녕하세요!

B

안녕하세요!

A

말씀 좀 여쭙겠습니다. CTI 회사인가요?

B

그렇습니다.

A

리 사장님 계신가요?

B

죄송합니다. 안 계십니다.

A

감사합니다. 안녕히 계세요!

STEP 4 빈칸 채우기

단문

		王			，				，	你	今	天		公	司
，	我		在	。			你		吗	？	明	天			我
	公	司	，			你		。	明	天		。			

Hint 미스터 왕, 죄송합니다. 오늘 회사에 오셨을 때 제가 없었습니다.
내일 바쁘신가요?
내일 오후에 저는 회사에 있습니다. 당신이 오시는 걸 환영합니다.
내일 뵙겠습니다.

STEP 5 대화 연습하기

W06-06

회화 ①
- B 역할
- A 역할

W06-07

회화 ②
- B 역할
- A 역할

Unit 07

STEP 1 간체자 쓰기

단어	필순	쓰기
星期 xīngqī 명 요일	星/期	星期 xīngqī 星期 xīngqī
几 jǐ 수 몇	几	几 jǐ 几 jǐ
周 zhōu 명 주	周	周 zhōu 周 zhōu
出差 chūchāi 동 출장 가다	出/差	出差 chūchāi 出差 chūchāi
知道 zhīdào 동 알다, 이해하다	知/道	知道 zhīdào 知道 zhīdào
热 rè 형 덥다	热	热 rè 热 rè

STEP 2 들으면서 따라 쓰기

W07-01

회화①

A 请问，今天星期几？

B 今天星期一。

A 王秘书，今天周几？

B 今天周二，李经理。

A 周三我出差，周四回。

B 好的，我知道了。

W07-02

회화②

A 王经理，好久不见！

B 你好，山口先生！

A 工作忙吗？

B 忙！我周四去日本出差。现在那儿冷吗？

A 不冷不热，天气很好。

B 太好了！谢谢！

W07-03

단문

我叫玛丽，我是美国人，在中国的日本公司工作。我是秘书，这周的工作太忙了。星期一我去银行，星期二我去日本出差，星期三见山口经理，星期四回中国，星期五在公司学习汉语。

STEP 3 듣고 받아 쓰기

W07-04

회화 ①

A

Hint Qǐngwèn, jīntiān xīngqī jǐ?

B

Jīntiān xīngqīyī.

A

Hint Wáng mìshū, jīntiān zhōu jǐ?

B

Jīntiān zhōu'èr, Lǐ jīnglǐ.

A

Zhōusān wǒ chūchāi, zhōusì huí.

B

Hǎo de, wǒ zhīdào le.

W07-05

회화 ②

A

Hint 왕 사장님, 오랜만입니다!

B

안녕하세요, 미스터 야마구치!

A

일이 바쁘신가요?

B

바쁩니다! 저는 목요일에 일본으로 출장을 갑니다. 지금 그곳은 추운가요?

A

춥지도 덥지도 않습니다. 날씨가 정말 좋아요.

B

잘됐군요! 감사합니다!

STEP 4 빈칸 채우기

단문

		我		玛	丽	，	我	是				，	在		
的			公	司	工	作	。	我	是			，			的
工	作		忙		。	星	期		我	去			，	星	期
	我		日	本			，	星	期		见	山	口		，
星	期		回			，	星	期		在	公	司			汉
语	。														

Hint 저는 메리라고 합니다. 저는 미국인입니다. 중국에 있는 일본 회사에서 일합니다.
저는 비서입니다. 이번 주는 일이 너무 바쁩니다.
저는 월요일에 은행에 가고, 화요일에 일본으로 출장을 갑니다. 수요일에는 야마구치 사장을 만나고,
목요일에 중국으로 돌아옵니다. 금요일에는 회사에서 중국어를 공부합니다.

STEP 5 대화 연습하기

W07-06

회화 ①

- B 역할
- A 역할

W07-07

회화 ②

- B 역할
- A 역할

STEP 1 간체자 쓰기

上午 shàngwǔ 명 오전			上 上 上 / ノ 午 午 午
	上午 shàngwǔ	上午 shàngwǔ	

可以 kěyǐ 조동 ~해도 좋다 [허락, 허가]			可 可 可 可 可 / レ レ 以 以
	可以 kěyǐ	可以 kěyǐ	

点 diǎn 명 시, 시간			点 点 点 点 点 点 点 点 点
	点 diǎn	点 diǎn	

行 xíng 동 좋다, ~해도 좋다			行 行 行 行 行 行
	行 xíng	行 xíng	

开会 kāihuì 동 회의를 하다			开 开 开 开 / 人 会 会 会 会 会
	开会 kāihuì	开会 kāihuì	

两 liǎng 수 2, 둘			两 两 两 两 两 两 两
	两 liǎng	两 liǎng

STEP 2 들으면서 따라 쓰기

W08-01

회화①

A 王秘书，几点见李经理？

B 上午九点，可以吗？

A 九点我去银行，十点吧。

B 好的。

A 我明天几点的飞机？

B 早上七点。

A 好，我知道了。

W08-02

회화②

A 李经理，您忙吗？王经理十一点来见您。

B 现在几点？

A 现在十点。

B 不行，我十点半开会。

A 下午两点呢？

B 两点半吧。

A 好的，我知道了。

W08-03

단문

我今天真忙！我早上四点的飞机去日本，九点半见山口经理，十点开会，下午一点的飞机回中国，五点去银行见李经理，六点回公司。

STEP 3 듣고 받아 쓰기

W08-04

회화 ①

A

Hint Wáng mìshū, jǐ diǎn jiàn Lǐ jīnglǐ?

B

Shàngwǔ jiǔ diǎn, kěyǐ ma?

A

Jiǔ diǎn wǒ qù yínháng, shí diǎn ba.

B

Hǎo de.

A

Wǒ míngtiān jǐ diǎn de fēijī?

B

Zǎoshang qī diǎn.

A

Hǎo, wǒ zhīdào le.

W08-05

회화 ②

A

Hint 리 사장님, 바쁘신가요? 왕 사장님이 11시에 만나러 오십니다.

B

지금 몇 시죠?

A

지금 10시입니다.

B

안 돼요. 저는 10시 반에 회의를 합니다.

A

오후 2시는요?

B

2시 반으로 하죠.

A

네, 알겠습니다.

STEP 4 빈칸 채우기

단문

		我			真		!	我					的		
去	日	本	,				见	山	口	经	理	,			开
会	,					的	飞	机		中	国	,			去
银	行		李	经	理	,			回	公	司	。			

Hint 저는 오늘 매우 바쁩니다!
아침 4시 비행기로 일본에 가서, 9시 반에 야마구치 사장을 만나고, 10시에 회의를 합니다.
오후 1시 비행기로 중국으로 돌아와서, 5시에 은행에 가서 리 사장을 만나고, 6시에 회사로 돌아옵니다.

STEP 5 대화 연습하기

W08-06
회화 ①
- B 역할
- A 역할

W08-07
회화 ②
- B 역할
- A 역할

Unit 09

STEP 1 간체자 쓰기

起床 qǐchuáng 동 일어나다	起床 起床 qǐchuáng qǐchuáng
睡觉 shuìjiào 동 자다	睡觉 睡觉 shuìjiào shuìjiào
上班 shàngbān 동 출근하다	上班 上班 shàngbān shàngbān
下班 xiàbān 동 퇴근하다	下班 下班 xiàbān xiàbān

STEP 2 들으면서 따라 쓰기

W09-01

회화①

A 你几点起床？

B 我六点半起床，你呢？

A 我七点起床。你几点睡觉？

B 我十一点睡觉。

A 李经理，您周一几点上班？

B 周一上午我去银行，下午两点来公司，
五点半下班。

A 我下午三点半来公司见您，可以吗？

B 好，周一见！

W09-02

회화②

A 王秘书，现在几点？

B 九点半，李经理。

A 九点半？今天真忙。
你下班吧，明天晚点儿来上班。

B 没关系，经理。明天我八点半来公司。

A 好吧，早点儿休息，明天见。

B 您也早点儿休息。再见，经理。

W09-03

단문

我叫玛丽，我是美国人，在中国的日本公司工作。我们工作很忙。我早上六点起床，七点去公司，八点半上班，六点半下班，十二点睡觉。你们呢？工作忙吗？

STEP 3 듣고 받아 쓰기

W09-04

회화 ①

A

Hint Nǐ jǐ diǎn qǐchuáng?

B

Wǒ liù diǎn bàn qǐchuáng, nǐ ne?

A

Wǒ qī diǎn qǐchuáng. Nǐ jǐ diǎn shuìjiào?

B

Wǒ shíyī diǎn shuìjiào.

A

Hint Lǐ jīnglǐ, nín zhōuyī jǐ diǎn shàngbān?

B

Zhōuyī shàngwǔ wǒ qù yínháng, xiàwǔ liǎng diǎn lái gōngsī,

wǔ diǎn bàn xiàbān.

A

Wǒ xiàwǔ sān diǎn bàn lái gōngsī jiàn nín, kěyǐ ma?

B

Hǎo, zhōuyī jiàn!

W09-05

회화 ②

A

Hint 왕 비서, 지금 몇 시죠?

B

9시 반입니다, 리 사장님.

A

9시 반? 오늘 정말 바쁘네요.

퇴근하시죠. 내일 조금 늦게 출근하세요.

B

괜찮습니다, 사장님. 저는 내일 8시 반에 회사에 오겠습니다.

A

좋아요. 좀 일찍 쉬세요. 내일 봐요.

B

사장님도 일찍 쉬세요. 안녕히 가세요, 사장님.

STEP 4 빈칸 채우기

단문

		我		玛	丽	，	我		美	国	人	，	在		
的	日	本	公	司			。	我	们			很		。	我
早	上	六	点			，	七	点		公	司	，	八	点	半
		，				下	班	，				睡	觉	。	你
们		？	工	作		吗	？								

Hint 저는 메리라고 합니다. 저는 미국인입니다. 중국에 있는 일본 회사에서 일합니다. 우리는 일이 매우 바쁩니다. 저는 아침 6시에 일어나서 7시에 회사에 갑니다. 8시 반에 출근하고, 6시 반에 퇴근해서 12시에 잡니다. 당신들은요? 일이 바쁘신가요?

STEP 5 대화 연습하기

W09-06

회화 ①
- B 역할
- A 역할

W09-07

회화 ②
- B 역할
- A 역할

Unit 10

STEP 1 간체자 쓰기

月 yuè 명 월, 달	月 yuè	月 yuè			
号 hào 명 일 [날짜를 가리킴]	号 hào	号 hào			
看 kàn 동 보다	看 kàn	看 kàn			
和 hé 접개 ~와	和 hé	和 hé			
吃饭 chī fàn 밥을 먹다	吃饭 chī fàn	吃饭 chī fàn			
中午 zhōngwǔ 명 정오	中午 zhōngwǔ	中午 zhōngwǔ			

STEP 2 듣으면서 따라 쓰기

W10-01

회화①

A 请问，今天星期几？

B 今天星期一。

A 今天几月几号？

B 今天二月二号。

A 今天二月二号了？谢谢！

W10-02

회화②

A 小王，星期三开会，可以吗？

B 星期三是几号？

A 十一月二十三号。

B 我二十二号去北京出差，二十四号回公司。

A 那，我们二十五号开会吧。

B 我看一下…… 上午十点，可以吗？

A 可以，十一月二十五号上午十点开会。

B 好的，我知道了，谢谢！

W10-03

단문

我十二月二十一号去日本出差，十二月二十四号回北京，十二月二十五号上午和朋友吃饭，下午休息。二十六号很忙，上午去CTI公司见李经理，中午去银行，下午见高经理和王秘书，晚上也工作。

STEP 3 듣고 받아 쓰기

W10-04

회화 ①

A

Hint Qǐngwèn, jīntiān xīngqī jǐ?

B

Jīntiān xīngqīyī.

A

Jīntiān jǐ yuè jǐ hào?

B

Jīntiān èr yuè èr hào.

A

Jīntiān èr yuè èr hào le? Xièxie!

W10-05

회화 ②

A

Hint 샤오왕, 수요일에 회의해도 괜찮겠어요?

B

수요일이 며칠이죠?

A

11월 23일입니다.

B

제가 22일에 베이징으로 출장을 가서 24일에 회사로 돌아옵니다.

A

그럼, 우리 25일에 회의하죠.

B

제가 좀 볼게요…… 오전 10시 괜찮으세요?

A

괜찮아요. 11월 25일 오전 10시에 회의합시다.

B

네, 알겠어요. 감사합니다!

STEP 4 빈칸 채우기

단문

		我			月				号	去	日	本			，
		月				号	回	北	京	，			月		
	号	上	午		朋	友			，	下	午			。	
		号	很	忙	，			去	C	T	I	公	司		李
经	理	，			去	银	行	，			见	高	经	理	
王	秘	书	，				工	作	。						

Hint 저는 12월 21일에 일본으로 출장을 가서 12월 24일에 베이징으로 돌아옵니다.
12월 25일 오전에 친구와 밥을 먹고 오후에 쉽니다.
26일은 많이 바쁩니다. 오전에 CTI 회사에 가서 리 사장님을 만나고, 정오에 은행에 갑니다.
오후에는 가오 사장님과 왕 비서를 만나고, 저녁에도 일합니다.

STEP 5 대화 연습하기

W10-06

회화 ①
- B 역할
- A 역할

W10-07

회화 ②
- B 역할
- A 역할

STEP 1 간체자 쓰기

护照 hùzhào 명 여권	护 扩 扩 扩 护 护 护 / 照 旷 即 即 昭 昭 昭 昭 昭 昭 照 照 照				
	护照 hùzhào	护照 hùzhào			

住 zhù 동 묵다	住 住 住 仁 住 住 住				
	住 zhù	住 zhù			

零 líng 수 0, 영	零 零 零 零 零 零 零 零 零 零 零 零 零				
	零 líng	零 líng			

房间 fángjiān 명 방	房 房 房 户 房 房 房 房 / 间 间 间 间 间 间 间				
	房间 fángjiān	房间 fángjiān			

客气 kèqi 동 사양하다	客 客 客 客 宀 宀 客 客 客 / 气 气 气 气				
	客气 kèqi	客气 kèqi			

宾馆 bīnguǎn 명 호텔	宾 宾 宁 宾 宾 宾 宾 宾 宾 宾 / 馆 馆 馆 馆 馆 馆 馆 馆 馆 馆 馆				
	宾馆 bīnguǎn	宾馆 bīnguǎn

STEP 2 들으면서 따라 쓰기

W11-01

회화①

A 您好，先生！欢迎您！

B 您好！我是王天，这是我的护照。

A 王先生，您好！您住在三零八房间。

B 好的，谢谢！再见！

A 不客气，再见！

W11-02

회화②

A 你好，李先生！

B 早上好，王先生！

A 我们今天在哪儿开会？

B 在李经理的办公室。

A 他的办公室在哪儿？

B 他的办公室在五零六。

A 好的，谢谢！

B 不客气！

W11-03

단문

李经理，明天的会议在京北宾馆。您上午在二零一会议室开会，下午在五零五见银行的周经理。晚上您住在一六零二房间。

STEP 3 듣고 받아 쓰기

W11-04

회화①

A

Hint Nín hǎo, xiānsheng! Huānyíng nín!

B

Nín hǎo! Wǒ shì Wáng Tiān, zhè shì wǒ de hùzhào.

A

Wáng xiānsheng, nín hǎo! Nín zhùzài sān líng bā fángjiān.

B

Hǎo de, xièxie! Zàijiàn!

B

Bú kèqi, zàijiàn!

W11-05

회화②

A

Hint 안녕하세요, 미스터 리!

B

좋은 아침입니다, 미스터 왕!

A

우리 오늘 어디에서 회의하나요?

B

리 사장님 사무실에서요.

A

그의 사무실은 어디에 있나요?

B

그의 사무실은 506호입니다.

A

알겠습니다. 감사합니다!

B

별말씀을요!

STEP 4 빈칸 채우기

단문

		李			，	明	天	的			在	京	北		。
您	上	午	在				会	议	室			，	下	午	在
			见	银	行	的	周	经	理	。	晚	上	您		在
				房	间	。									

Hint 리 사장님, 내일 회의는 징베이 호텔에서 합니다.
오전에는 201호 회의실에서 회의하시고, 오후에는 505호에서 은행의 저우 사장을 만나십니다.
저녁에는 1602호에 묵으시면 됩니다.

STEP 5 대화 연습하기

W11-06

회화 ①
- B 역할
- A 역할

W11-07

회화 ②
- B 역할
- A 역할

Unit 12

STEP 1 간체자 쓰기

什么 shénme 대 무엇 [의문을 나타냄]	什 什 什 什 / 么 么 么				
	什么 shénme	什么 shénme			
时候 shíhou 명 때	时 时 时 时 时 时 时 / 候 候 候 候 候 候 候 候 候 候				
	时候 shíhou	时候 shíhou			
年 nián 명 해, 년	年 年 年 年 年 年				
	年 nián	年 nián			
有 yǒu 동 있다	有 有 有 有 有 有				
	有 yǒu	有 yǒu			

STEP 2 들으면서 따라 쓰기

W12-01

회화 ①

A 李经理，我们什么时候开会？

B 星期三上午九点半。

A 在二零五会议室，行吗？

B 行。

A 我们几点见面?

B 我们下午两点见面，行吗?

A 不行。我两点开会。三点半行吗?

B 行。

W12-02

회화②

A 喂，李先生，你好!

B 你好，王小姐!

A 李先生，我们这周什么时候见面?

B 八月十二号上午十点，行吗?

A 行。

B 在我的办公室，行吗?

A 好的，您的办公室在哪儿?

B 我的办公室在三零一。

A 好，谢谢。

W12-03

단문

2020年4月30日 星期三 天气：晴朗

今天上午九点，我见了王先生。中午在他们公司吃了饭。下午两点去宾馆见了山口先生。五点下班。明天中午和玛丽小姐见面，下午有两个会议，不知道什么时候下班。真忙!

STEP 3 듣고 받아 쓰기

W12-04

회화 ①

A

Hint Lǐ jīnglǐ, wǒmen shénme shíhou kāihuì?

B

Xīngqīsān shàngwǔ jiǔ diǎn bàn.

A

Zài èr líng wǔ huìyìshì, xíng ma?

B

Xíng.

A

Wǒmen jǐ diǎn jiànmiàn?

B

Wǒmen xiàwǔ liǎng diǎn jiànmiàn, xíng ma?

A

Bù xíng. Wǒ liǎng diǎn kāihuì. Sān diǎn bàn xíng ma?

B

Xíng.

W12-05

회화 ②

A

Hint 여보세요. 미스터 리, 안녕하세요!

B

안녕하세요, 미스 왕!

A

미스터 리, 우리 이번 주에 언제 만나요?

B

8월 12일 오전 10시 어때요?

A

좋습니다.

B

제 사무실에서 만나도 될까요?

A

알겠습니다. 당신 사무실은 어디에 있나요?

B

제 사무실은 301호입니다.

A

알겠습니다. 감사합니다.

STEP 4 빈칸 채우기

단문

20	20	年	4	月	30	日	星	期	三		天	气	:	晴	朗
		今	天			九	点	,	我			王	先	生	。
		在	他	们	公	司				。			两	点	
宾	馆			山	口	先	生	。	五	点	下	班	。	明	天
		和	玛	丽	小	姐			,	下	午		两	个	会
议	,		知	道					下	班	。	真	忙	!	

Hint 2020년 4월 30일 수요일 날씨 : 맑음
오늘 오전 9시에 나는 미스터 왕을 만났다. 정오에는 그들의 회사에서 밥을 먹었다.
오후 2시에는 호텔에 가서 미스터 야마구치를 만났고, 5시에 퇴근했다.
내일 정오에는 미스 메리와 만나고, 오후에는 두 차례 회의가 있어 언제 퇴근할지 모르겠다.
정말 바쁘다!

STEP 5 대화 연습하기

W12-06

회화 ①
- B 역할
- A 역할

W12-07

회화 ②
- B 역할
- A 역할

Unit 13

STEP 1 간체자 쓰기

打 dǎ 동 (전화를) 걸다	打 打 打 打 打				
	打 dǎ	打 dǎ			
电话 diànhuà 명 전화	电 电 电 电 电 / 话 话 话 话 话 话 话 话				
	电话 diànhuà	电话 diànhuà			
号码 hàomǎ 명 번호	号 号 号 号 号 / 码 码 码 码 码 码 码 码				
	号码 hàomǎ	号码 hàomǎ			
多少 duōshao 대 얼마	多 多 多 多 多 多 / 少 少 少 少				
	多少 duōshao	多少 duōshao			
给 gěi 개 ~에게 동 주다	给 给 给 给 给 给 给 给 给				
	给 gěi	给 gěi			
没有 méiyǒu 동 없다	没 没 没 没 没 没 没 / 有 有 有 有 有 有				
	没有 méiyǒu	没有 méiyǒu			

TEP 2 듣으면서 따라 쓰기

W13-01

회화①

A 李经理，高先生周三来公司见您。

B 我周三出差，请他今天来公司吧。

A 好的，我现在给他打电话。

B 我给他打吧，他的电话号码是多少？

A 给您，这是他的名片。

B 好的，你去忙吧。

W13-02

회화②

A 晚上好，您贵姓？

B 您好，我姓李。

A 李小姐，你好，这是我的名片。

B 对不起，我没有名片。

A 您的电话号码是多少？

B 18860926912，这是我的手机号码。

A 好的，谢谢。

W13-03

단문

我姓李，叫李明。我是韩国人，在CTI公司工作。我来中国出差，住在京北宾馆的三零五房间。我的办公电话是01056078579，我的手机号码是18510481396。请给我打电话。

STEP 3 듣고 받아 쓰기

W13-04

회화 ①

A

Hint Lǐ jīnglǐ, Gāo xiānsheng zhōusān lái gōngsī jiàn nín.

B

Wǒ zhōusān chūchāi, qǐng tā jīntiān lái gōngsī ba.

A

Hǎo de, wǒ xiànzài gěi tā dǎ diànhuà.

B

Wǒ gěi tā dǎ ba, tā de diànhuà hàomǎ shì duōshao?

A

Gěi nín, zhè shì tā de míngpiàn.

B

Hǎo de, nǐ qù máng ba.

W13-05

회화 ②

A

Hint 좋은 저녁입니다. 성씨가 어떻게 되시죠?

B

안녕하세요. 저는 리씨입니다.

A

미스 리, 안녕하세요. 이건 제 명함입니다.

B

죄송합니다. 저는 명함이 없습니다.

A

당신 전화번호가 어떻게 되나요?

B

18860926912가 제 휴대전화 번호입니다.

A

네, 감사합니다.

STEP 4 빈칸 채우기

단문

		我		李	，		李	明	。	我	是				，
	C	T	I	公	司			。	我		中	国			，
		京	北	宾	馆	的				房	间	。	我	的	
	电	话	是	01	05	60	78	57	9	，	我	的			号
码	是	18	51	04	81	39	6	。	请		我		电	话	。

Hint 저는 리(이)씨이고, 리밍(이명)이라고 합니다.
저는 한국인이고, CTI 회사에서 일합니다.
저는 중국에 출장을 왔고, 징베이 호텔 305호에 묵고 있습니다.
제 사무실 전화번호는 01056078579이고, 휴대전화 번호는 18510481396입니다.
제게 전화해 주세요.

STEP 5 대화 연습하기

W13-06

회화 ①
- B 역할
- A 역할

W13-07

회화 ②
- B 역할
- A 역할

STEP 1 간체자 쓰기

送 sòng ⑧ 바래다주다, 보내다	送 送 送 送 送 送 送 送 送		
	送 sòng	送 sòng	

机场 jīchǎng ⑲ 공항	机 机 机 机 机 机 / 场 场 场 场 场 场		
	机场 jīchǎng	机场 jīchǎng	

到 dào ⑧ 도착하다, 도달하다	到 到 到 到 到 到 到 到		
	到 dào	到 dào	

找 zhǎo ⑧ 거슬러 주다, 찾아 가다, 방문하다	一 十 扌 扌 找 找 找		
	找 zhǎo	找 zhǎo	

出租车 chūzūchē ⑲ 택시	出 出 出 出 出 / 租 租 租 租 租 租 租 租 租 / 一 车 车 车 车		
	出租车 chūzūchē	出租车 chūzūchē	

钱 qián ⑲ 돈, 값, 비용	钱 钱 钱 钱 钱 钱 钱 钱 钱 钱		
	钱 qián	钱 qián

STEP 2 듣으면서 따라 쓰기

W14-01

회화①

A 您好，您去哪儿？

B 你好，请送我去机场。

A 机场到了，一百三十六元。

B 给您两张一百的。

A 找您六十四元，再见。

B 谢谢，再见。

W14-02

회화②

A 李先生，坐出租车去银行多少钱？

B 五十块。

A 五十块钱？真贵。

B 我去银行找高先生，我送您去。

A 太好了，谢谢您。

W14-03

단문

您好，我现在在北京医院，下午四点去机场，您可以送我吗？我的电话号码是15234234231，我姓李，请给我打电话。谢谢，再见！

STEP 3 듣고 받아 쓰기

W14-04

회화 ①

A

Hint Nín hǎo, nín qù nǎr?

B

Nǐ hǎo, qǐng sòng wǒ qù jīchǎng.

A

Jīchǎng dào le, yìbǎi sānshíliù yuán.

B

Gěi nín liǎng zhāng yìbǎi de.

A

Zhǎo nín liùshísì yuán, zàijiàn.

B

Xièxie, zàijiàn.

W14-05

회화 ②

A

Hint 미스터 리, 택시 타고 은행에 가면 얼마죠?

B

50위안입니다.

A

50위안이요? 정말 비싸군요.

B

저는 은행에 가서 미스터 가오를 만나야 하니, 제가 모셔다 드리겠습니다.

A

잘됐네요. 감사합니다.

STEP 4 빈칸 채우기

단문

		您	好	，	我	现	在		北	京			，	下	午
四	点	去			，	您	可	以		我	吗	？	我	的	
			是	15	23	42	34	23	1	，	我		李	，	请
	我		电	话	。	谢	谢	，			！				

Hint 안녕하세요. 저는 지금 베이징 병원에 있는데, 오후 4시에 공항에 갑니다.
저를 데려다줄 수 있나요?
저의 전화번호는 15234234231이고, 리씨입니다. 제게 전화해 주세요.
감사합니다. 안녕히 계세요!

STEP 5 대화 연습하기

W14-06

회화①

- B 역할
- A 역할

W14-07

회화②

- B 역할
- A 역할

Unit 15

STEP 1 간체자 쓰기

层 céng 양 층	层 层 层 层 层 层 层				
	层 céng	层 céng			
号 hào 명 호 [배열의 순서를 표시함]	号 号 号 号 号				
	号 hào	号 hào			
电梯 diàntī 명 엘리베이터	电 电 电 电 电/梯 梯 梯 梯 梯 梯 梯 梯 梯 梯 梯				
	电梯 diàntī	电梯 diàntī			
吧 ba 조 문장 끝에 놓여 청유나 제의를 나타냄	吧 吧 吧 吧 吧 吧 吧				
	吧 ba	吧 ba			
楼梯 lóutī 명 계단	楼 楼 楼 楼 楼 楼 楼 楼 楼 楼 楼 楼 楼/梯 梯 梯 梯 梯 梯 梯 梯 梯 梯 梯				
	楼梯 lóutī	楼梯 lóutī			
秘书 mìshū 명 비서	秘 秘 秘 秘 秘 秘 秘 秘 秘 秘/书 书 书 书				
	秘书 mìshū	秘书 mìshū			

STEP 2 듣으면서 따라 쓰기

W15-01

회화①

A 王经理，您去几层？

B 十五层。你给王先生打个电话，周二可以见面。

A 好，在哪儿见面？

B 我们公司吧。

A 好的。

B 十五层到了，再见！

A 再见！

W15-02

회화②

A 您好，欢迎您来京北宾馆。

B 您好！这是我的护照。

A 好的，您的房间是六零三。

B 是六层吗？

A 是的，您可以坐二号电梯。

B 电梯在哪儿？

A 在这儿，请！

B 谢谢！

A 再见！

W15-03

단문

王欢，你好，欢迎你！我是李天，王经理的秘书。我给你介绍一下，我们公司在一到十层，经理的办公室在六层。这儿两个电梯，一到五层可以坐一号电梯，六到十层可以坐二号电梯。

STEP 3 듣고 받아 쓰기

W15-04

회화 ①

A

Hint Wáng jīnglǐ, nín qù jǐ céng?

B

Shíwǔ céng. Nǐ gěi Wáng xiānsheng dǎ ge diànhuà, zhōu'èr kěyǐ jiànmiàn.

A

Hǎo, zài nǎr jiànmiàn?

B

Wǒmen gōngsī ba.

A

Hǎo de.

B

Shíwǔ céng dào le, zàijiàn!

A

Zàijiàn!

W15-05

회화 ②

A

Hint 안녕하세요. 징베이 호텔에 오신 것을 환영합니다.

B

안녕하세요! 이건 제 여권입니다.

A

네. 손님의 방은 603호입니다.

B

6층인가요?

A

그렇습니다. 2호 엘리베이터를 타시면 됩니다.

B

엘리베이터는 어디에 있죠?

A

여기입니다. 오시죠!

B

감사합니다!

A

안녕히 가세요.

STEP 4 빈칸 채우기

단문

		王	欢	，	你	好	，			你	！	我		李	天，
王			的			。	我	给	你	介	绍			，	我
们	公	司	在	一		十		，	经	理	的	办	公	室	
六		。	这	儿	两	个			，	一		五			
坐	一		电	梯	，	六		十				坐	二		电
梯	。														

Hint 왕환, 안녕하세요. 환영합니다!
저는 리톈이고, 왕 사장님의 비서입니다.
제가 소개를 좀 하겠습니다. 저희 회사는 1층에서 10층에 있습니다.
사장님의 사무실은 6층에 있습니다.
여기 엘리베이터가 두 대 있습니다. 1층에서 5층까지는 1호 엘리베이터를 타시면 되고,
6층에서 10층까지는 2호 엘리베이터를 타시면 됩니다.

STEP 5 대화 연습하기

W15-06

회화①
- B 역할
- A 역할

W15-07

회화②
- B 역할
- A 역할

memo

memo

memo

memo

memo

www.dongyangbooks.com (웹사이트)
m.dongyangbooks.com (모바일)

중국어뱅크

스마트 스피킹 중국어 1

워크북

이름

외국어 출판 45년의 신뢰
외국어 전문 출판 그룹
동양북스가 만드는 책은 다릅니다.

45년의 쉼 없는 노력과 도전으로 책 만들기에 최선을 다해온
동양북스는 오늘도 미래의 가치에 투자하고 있습니다.
대한민국의 내일을 생각하는 도전 정신과 믿음으로 최선을 다하겠습니다.

동양북스